题记

任何科学都不是突然产生的，都有它发生发展的历史。我们研究一门科学，既要了解它的现状，也要了解它的历史，才能掌握这门科学的完备知识。心理学是一门科学，当然也不例外。

从零开始学心理学

心理学的诞生

THE BOOK OF
PSYCHOLOGY

李汉松◎著

中国法制出版社
CHINA LEGAL PUBLISHING HOUSE

推荐序

李汉松教授既是我的老师，也是我尊敬的长辈。

1960 年，我作为北京师范大学首届心理学专业的本科生，进入北师大，学制 5 年。大四的时候，李汉松老师教了我们班一年心理学史，给我们学生留下的是四点深刻印象：一是理论功底深厚，对心理学各个学派分析公正、客观；二是为人厚道，从不计较名利得失；三是艰苦朴素，勤奋认真；四是对人诚恳，关爱学生。最难以忘怀的是大四期末心理学史考试前一天，我接到了家父病重的电报，李老师获悉后，不仅与系里联系，同意我 9 月初开学时再补考，而且安慰，让我当晚购火车票回家照顾父亲。新学期前，我回到学校，系里安排我补考，监考教师仅李老师一人，但认真程度绝不亚于对整班学生的监考。3 天后他亲切地找到我说："考得很好，5 分！"前后发生的一切，使我十分感动。至今我仍记忆犹新，犹如昨天发生的一样，深感他师爱之深。

现在捧起李老师的《从零开始学心理学》，逐章逐节拜读，使我仿佛又回到本科大四时期，听李老师娓娓动听地、系统地讲授西方心理学史，不过比起当年，《从零开始学心理学》资料更丰富、更新颖、更生动，思路敏捷、清晰，观点深刻、睿智，尤其是我看到过去从未知晓的心理学史的史实、学派的观点和心理学家鲜为人知的轶事。特别要指出他对各个心理学学派乃至每位心理学家都一一做了精辟分析和评论，值得每位心理学家和心理学工作者一读再读。这就是创新，是理论心理学的学术创新。令我震惊的是，这部《从零开始学心理学》出自一位93岁的老人之手，而且李老师没有助手，没有研究生，所有的工作，从收集资料、选择照片、提出假设、验证理论、创新观念，都是耄耋之年的李老师一人完成。学问做得如此严谨，治学如此规范，我不仅从内心敬佩，而且一边拜读着，一边眼眶里湿润了：李老师，您太辛苦了！老师，您的为人为学的态度，永远是我们学生的学习榜样。

李老师的《从零开始学心理学》有两个突出的地方。其一，全书从古希腊的哲学心理学一直到当代西方心理学的新进展，深入论述其发展概况，评介其历史的功绩与不足；其二，从理论的探索到现实的应用，加上心理学家的一些故事，评介不同学派和个人在心理学史上的价值与贡献。可贵的是李老师的科学分析，就像当年他给我们讲授冯特、弗洛伊德、华生和格式塔心理学等四大学派的建立、心理学家的个人魅力、社会的评价一样。李老师最后一篇评介“当代西方结构主义心理学新思潮”。我们看到这一篇，它比起诸如一些西方心理学新进展的著作与教材来，一点也不逊色，而且把人格心理学、人本主义心理学、生理心理学、认知心理学、皮亚杰的结构主义发生认识论等，统统归为结构主义，这是十分合适的、科学的结论。这来自一位90多岁老人的思想观点与知识结构，从中可以看到李老师不减当年教授我们时的敏捷、清晰、深刻的思路。

认真拜读了李老师的《从零开始学心理学》，对我，也对中国心理学工作者有两点启示：一是要当好一名心理学家或心理学工作者，必须熟悉心理学史。我们应该全面地理解“以史为镜”这个规律性的结论，以史为科学研究，包括心理学研究的基础十分重要，正如李老师在序言中引证所说的：“在美国的心理学博士必须在心理学史上过关。”这是科学研究的基本。二是要以西方心理学史为镜，逐渐地建立中国心理学派。记得1964年春天大四下学期，因受李老师讲授的心理学史的影响，我曾在日记里写下这么一段话：“国外有那么多的心理学派，为什么中国没有？”我是以一种感慨的心态来写的，希望中国也和国外一样能有心理学派，促使中国心理学的发展。没有想到这一句话不知谁“偷”看了，不仅仅看了，而且向组织上汇报了。1964年9月，系里断章取义公布了我日记的内容，于是，我被批判为“野心家”。从今天来看，我觉得时代不同了，如果不把学派看得太神秘、太离奇或追逐名利之“组织”的话，它只是一种同一学科中由于学术观点不同、学说不同而形成的派别。中华民族文化，把学派看作是一门学问中由于学术师承不同而形成的派别，如紫阳朱熹学派、姚江王守仁学派。其实国外心理学学派多数也是与师承有关的派别。从《从零开始学心理学》中，我们可以看到精神分析学派、机能主义学派、格式塔学派等，就是以师承关系为基础所建立的学派。当然，我们不否认有些由于学术观点相同而形成的派别，但我们更应该看到有许多是师承关系所致。中国心理学发展到今天，已有很多“立一家之言”，当必须“成一派之说”，是时候了！这是中国心理学发展的需要，是中国社会经济发展的必然要求和历史选择。

李老师把西方心理学史及其进展写成了《从零开始学心理学》，马上要由中国法制出版社出版，并与广大读者见面了，我希望它不仅能成为我国心理学工作者、心理学学习者的阅读手册，也能成为其他行业乃至广大读者喜欢的心理学读本。

是为序。

林崇德

（中国心理学会前理事长，北京师范大学心理学部资深教授）

推荐序：《从零开始学心理学》是我们的故事

也许读者朋友会问我，为什么说《从零开始学心理学》是我们的故事？这里的“我们”是指谁呀？你如果有此问题，那你问我问得非常好！这里的“我们”有四层含义。其一，我们主要是指我同李老汉松先生，包括我们之间三十三年的师生关系和交往的故事；其二，我们是指所有心理学家和心理工作者；其三，我们是指包括你我他在内的所有读者朋友和你周围的人；其四，我们是指人类和动物等。

一

李老汉松先生是我们非常尊敬的长辈。我 1983 年在湖南长沙中南大学（当时叫长沙铁道学院）大三读英文专业，当时，我对心理学非常感兴趣，常到湖南师范大学拜访心理学长辈彭祖智教授、陈孝禅教授，还有郑和钧老师，由于他们的鼓励，帮助，辅导和推荐，我慢慢联络且认识了李老汉松先生，同时写信告诉他我对西方心理学史非常感兴趣。1984 年春季参加全国研究生考试，我和刘力师兄很幸运地被录为李老汉松先生的第一批西方心理学史硕士研究生。

我在北京师范大学读研期间，非常感激李老汉松先生系统指导我们研究西方哲学史和西方心理学史，他要求仔细研读西方原著且做笔记和写读书报告。这种严格训练让我终身受益。虽然我1986年到美国纽约州立大学攻读社会和人格心理学博士，但国内的训练对我后来的研究很有帮助；我在美国高等学府从事教学研究和行政管理工作已经三十多年，只要时间允许，我总是到母校北京师范大学看望李老汉松先生和其他老师。

我记得，2011年5月21日，由师兄刘力教授组织安排，我们在北京师范大学英东学术会堂隆重举行祝贺李汉松先生90华诞的庆典活动。当时，北京师范大学校长董奇教授、北京师范大学心理学院许燕院长和乔志宏书记，老一辈心理学家张厚粲教授、章志光教授、林崇德教授、郭德俊教授、张必隐教授、车宏生教授，南开大学的乐国安教授，李汉松先生的弟子以及北京师范大学心理学院师生代表和校外专家代表参加了这一盛会。董奇校长指出，李汉松先生一辈子潜心做学问和不断求实创新，这是北师大最宝贵的精神财富，为青年学子树立了楷模。张厚粲教授高度赞扬了李汉松先生的为人质朴和为学勤奋。林崇德教授说，他自己是李汉松先生教过的第一批本科生，先生对教育事业呕心沥血，始终坚持心理学的科学性，对生活永远积极乐观，非常值得我们学习。许燕院长认为，在李汉松先生身上，我们看到一个老教师对真理的永无止境的追求、对教育事业的无限忠诚、对教师职业的执着热爱和对学生的无尽关爱，这是北师大一个学者平凡人生的写照。北京师范大学心理学院的刘力教授用幻灯片展示李老汉松先生半个世纪以来对心理学史学科的传承与发展以及对我国心理学史研究的独特贡献。同时，我也代表李老汉松先生的弟子们发了言，感谢先生的指导和培养，并以四句话表达对先生的崇高敬意："人生七十古来稀，九十华诞身心奇。学术严谨心理史，随和朴实吾学习！"

二

德国记忆心理学家赫尔曼·艾宾浩斯说过："心理学有过漫长的过去，但是却只有很短暂的历史。"不论是东方还是西方心理学，它所研究的事件和人却都是源自几个世纪之前的哲学、神学以及人们每天的生活。李老汉松先生《从零开始学心理学》这一本书，恰恰进一步证明了艾宾浩斯的说法是正确的。《从零开始学心理学》这一本书主要包括两大部分：哲学心理学时期和科学心理学创建时期。譬如西方哲学心理学时期包括希腊哲学家柏拉图和亚里士多德的心理学思想，以及希波克利特和盖伦的气质学说。科学心理学创建才一百多年的历史。德国心理学家冯特创建了第一个实验心理学实验室，可谓科学心理学之父！王充在《论衡》中有一句警言说："知今而不知古，谓之盲瞽；知古而不知今，谓之陆沉。"这里，我补加一句："知中不知外，失败；知外不知中，浮空。"做学问做科研要古今中外兼通，不可限于一隅。作为心理学家和心理工作者，简言之，古为今用，洋为中用。毋庸置疑，我们可以从李老汉松先生《从零开始学心理学》中获益巨大，因为它涉及的是我们心理学领域中巨擘的故事！

三

只要有人的地方就会有人的行为、认知和人的交往，诸如感觉、知觉、记忆、思维、情感、动机、态度、信仰等等，作为读者朋友，如果你想了解自己和他人，那么推荐《从零开始学心理学》——文笔流畅，深入浅出，有理有据，书中的描述涉及作为心理学专业人员和非专业人员的日常生活——我们每一个人的故事，可以说，此书是大众文化中的扛鼎之作。

四

我仔细拜读了李老汉松先生《从零开始学心理学》这一本书，我非常欣赏这本书的独特性、新颖性和客观公正性。譬如，他极妙地叙述斯宾塞和达尔文的进化心理学，展望和强调了进化心理学和生态心理学。这正好是国外心理学研究热点和未来趋势！其实，两百三十多年来的图腾心理学和人类学研究以及一百七十年来达尔文的进化心理学研究表明，动物是我们的先祖，或者说我们和其他动物是同根共祖，我们必须每天依赖和适应环境以生存，像其他动物一样，每天都为生活而奔波，为生存而斗争，都是为了种系的延续。我们并不比其他动物优越！《从零开始学心理学》也更有利于我们了解人同生态环境的关系，和人同动物的关系，故此它在某种程度上叙述了人类进化和生存的故事！

总之，《从零开始学心理学》是我们的故事！雅俗共赏，优秀之作！

黎岳庭

（美国南伊利诺伊大学心理学教授、博导，及研究生院院长）

Yueh-Ting Lee, Ph.D.

Professor of Psychology and Dean of the Graduate School

Southern Illinois University, Carbondale, IL 62901, USA

前言

《从零开始学心理学》终于出版了。

我的恩师郭一岑教授，在《现代心理学概观》中提出，西方心理学史必须按社会发展史的进程分阶段地进行研究，才能符合心理学发展的客观规律。按照这一思想原则的指导，在他的讲稿基础上，我经过长期的教学、研究和不断修改，才做出西方心理学史阶段性划分的工作。

我自己的工作着重在学习应用历史唯物主义，按西方心理学发展的历史线索顺藤摸瓜，探索两千多年来诸多人物思想的来龙去脉及其背景，力求按历史的本来面目理出一个前后贯穿并有因果联系的头绪，然后按初露的眉目用阶段论进一步分段研究，结集成书。其实，现有的五个阶段，国外学者如波林、伍德沃茨和舒尔茨等已分别零散地说到过，我只是将它们系统化并加以论证整理，理出一个比较明确的顺序罢了。为此，这个体系是个集体创作。当然，体系中的问题连同资料取舍中的差错难免，但我深信，以每个历史时期的思想主流划分阶段这一原则，大体上是可行的。希望前辈、同行和读者不吝指正，使其臻于完善！

这本书在古代、近代部分使用了唐钺教授《西方心理学史大纲》出版前打印稿中的一些材料，现代部分汲取了高觉敷教授主编《近代西方心理学史》的一些资料。在编写过程中，还一再受到高觉敷、朱智贤、彭飞、陈孝禅、张述祖和王景和等前辈、教授和同志们书面和口头的指导与鼓励，受到许多中青年教师同行的指正，以及我系进修员、学生的建议和催促。在这里恕不一一列举，只能一并致以谢意了！

据说曾经有一段时间，心理学史的课程不受重视，也曾引起有关学者的争论。例如，2011 年我的研究生为我庆祝 90 岁生日，其中一位学生黎岳庭，是美国一所大学的终身教授，他在庆祝会上说，在美国的心理学博士必须在心理学史上过关。其实，我的体会是心理学研究是一门比较深奥复杂的学科，历史上的多少心理学家犹如瞎子摸象，各执一端，各说各话，众说纷纭，莫衷一是，至今仍未取得一致的共识。这些事实表明研究和学习心理学历史是具有现实意义的，在此请愿为心理学研究和工作的同志，更加细心地学习和研究心理学的发展史，并从中得到启发，为今后的心理学研究开辟出一条康庄大道！

该著作《从零开始学心理学》原为《西方心理学史》，第一、二版由北京师范大学出版社出版，2014 年承蒙李佳同志的鼓励和建议，将原著加以修订，同时增加后现代心理学等章节成本书名为《心理学的故事》即第四版出版。2020 年，为了方便大家携带和阅读，我们将《心理学的故事》加以修订，并从形式改为《从零开始学心理学：心理学的诞生》和《从零开始学心理学：心理学与生活》两册图书进行出版。为此，写上这简短前言，加以说明，同时向李佳同志致以深切谢意！

于北京师范大学丽泽二楼

李致松

目录

绪论

第一篇 古代欧洲灵魂官能心理学

第二篇

近代欧洲意识的经验心理学

第三篇

近代末期

实验心理学的诞生

绪论
INTRODUCTION

任何科学都不是突然产生的，都有它发生发展的历史。我们研究一门科学，既要了解它的现状，也要了解它的历史，才能掌握这门科学的完备知识。学习一门科学的历史知识，可以避免犯前人犯过的错误，少走弯路；可以防止重复已解决了的问题，加快研究步伐。了解一门科学发展的进程，还是对该门科学的已有知识和理论进行再一次分析、综合和提高的过程，它能使人们加深认识，以收综观过去、明察现在和预示未来的效果。这是研究任何一门科学史都会具有的意义和目的。心理学是一门科学，当然也不例外。

但是，心理学是一门尚未成熟的科学，学习心理学史比学习其他科学史具有更特殊的意义。心理学的研究对象复杂、抽象，它和研究人脑的奥秘密切相关。两千多年来，西方人在十分坎坷曲折的道路上摸索着前进，在某些根本性的问题上至今还缺乏成熟的科学结论。心理学的这种现状决定了研究心理学史的迫切需要，也决定着心理学史的研究对象、任务和方法的独特性。

第一节

心理学发展的规律

心理学史的研究对象是心理学发展的规律，包括关于心理实质、身心关系和研究方法等心理学基本理论和知识获得的发生发展的历史规律。

一、心理学发展的规律

虽然，心理学中一些根本性的问题，至今还没有明确肯定的答案，但经过人们世世代代长期的努力，已解决了许多问题，人们在探索这些问题时是有规律可以遵循的。例如，古代人把心理看作神秘的灵魂，近代人认为心理就是经验或者意识的一部分。马克思主义者提出，心理、意识是人脑的机能，是客观现实的反映，或者说是客观现实的主观映象。古代人对心理是什么和怎样活动的问题，只能做一些臆测的思辨，模模糊糊地猜想到某些心理活动的特征；近代人从日常生活中观察心理产生的原因和条件，发现了一些心理活动的规律，建立初步的科学心理学；现代人则进一步利用当代的精密仪器和控制条件的方法进行实验研究，加深了认识。例如，当前西方心理学家在智力结构、记忆机制和反馈系统以及情绪情感的生理机制大脑核磁共振技术上都有不少新的发现和成就。心理学史就是研究人们关于这些心理学的知识获得和理论概括的主客观条件及其进展的规律，它是以人们研究心理学的历史发展规律为对象的。

二、心理学发展的条件

一切历史规律都受各个时代的历史条件所制约，心理学发展的规律同样受不同历史时代的主客观条件所制约。心理学发展史的事实表明，制约着人们获得心理学知识、提出其理论的条件，主要有两种：一是各个历史时期的生产实践和科学水平；二是当时人们看问题的思想观点。这两种条件相互联系、相互制约。一定历史时期内的生产实践和科学水平的客观条件，制约着人们主观上观察问题的哲学思想；而人们的哲学思想又直接影响着人们对自然、社会和心理现象的认识。因此，每个历史人物在观察问题和研究心理现象时，总是受他个人的经历及其所处的社会地位的制约。这就导致了不同时代的，或者同一时代的不同人们对同一心理事实提出了各种不同的解释。同一知觉现象，古代人说它是灵魂的一种官能，近代人认为它是感觉的复合，行为主义者华生（Watson）说它是感觉器官对刺激物的反应，格式塔心理学者把它看作脑中物理场的改组。对同一个内省法，冯特 (Wundt) 和铁钦纳 (Titchener) 认为是研究心理学的唯一方法，华生则完全拒绝。这样一些互不相同甚至对立的看法和主张，错综复杂地在心理学发展史上交替地出现，从总体上看，它们并没有完全阻止反而推动了心理学的发展。

研究心理学史就是要求在不同的历史时期，不同的生产实践和科学水平，以及在不同的思想观点进行交流和争论等条件下，在人们所提出的心理学知识、理论和思想体系中探索心理学发展的历史规律。所以心理学史也就是研究人们关于心理学发展规律的认识史。

第二节

为什么学习心理学

任何科学的对象决定着该科学的研究任务，而社会向科学研究提出的任务，又是该科学的研究目的。科学研究的任务和目的，既有联系，又有区别。

心理学史的任务

心理学史的研究对象是心理学发展的规律，而心理学发展的规律又受许多条件所制约，因此正确地分析这些条件，客观地反映其发展规律就是我们研究心理学史的基本任务。

在 20 世纪初前后，围绕着心理学的对象究竟是什么的问题，出现了反对冯特传统心理学的许多学派，引起了西方心理学史上的所谓“危机”。当时一些心理学家为了克服“危机”，寻求引起危机的原因和解救的办法，着手总结经验。20 世纪 20 年代中期至 30 年代初，西方各国出版了几种心理学史著作，在我国解放前已译成中文的就有三种，即陈德荣译，匹尔斯柏立著的《心理学史》(1929)；高觉敷译，波林 (Boring) 著的《实验心理学史》(1929)；谢循初译，伍德沃茨 (Woodworth) 著的《现代心理学派别》(1931)。这些著作从不同的角度总结了西方心理学的发生发展情况，对我国的读者了解西方心理学的历史和现状有很大帮助。我国不少书刊和我们在以下各章的正文中不时引证了它们的资料、思想观点和论断，显示出这些著作具有一定的权威性。但是，指导他们总结经验的思想观点是有局限的，因而这些著作往往成为历史资料的堆砌。另外，有些著作对历史上的文献资料总是有所偏爱地加以取舍整理。例如，波林在他初版的《实验心理学史》中表示，他是围绕历史人物的人格编纂史料的；伍德沃茨则自称以“中道”的立场调和折中地选择各种观点、资料。读了这些著作，对于我们增加心理学的历史知识无疑有很大帮助，但对于心理学发展的规律性知识则比较少，或者说是不明确的。

20 世纪 40 年代末和 50 年代初，伍德沃茨和波林对他们的初版著作做了修订。在修订版中，伍德沃茨 (1948) 把自己的“中间道路”说成是机能主义的；波林 (1950) 强调了“时代精神”对心理学家思想的影响。1975 年舒尔茨 (Schultz) 的第二版《现代心理学史》也有类似波林的主张。但是，他们从实证主义立场来解释时代精神，在分析心理学的发展原因及其规律上，用主观的社会思潮代替客观的时代精神，因而未能真实地反映历史。例如，舒尔茨说冯特是当时的时代精神的代言人，这个时代精神就是经验主义、实证主义和唯物主义。其实，他是用当时西方的社会思潮代替19世纪科学发展的客观的时代精神，因而歪曲了当时心理学成为独立科学的时代历史背景。

冯特一再宣称康德和赫尔巴特对他的心理学思想的直接影响。然而舒尔茨为了证实他自己上述的观点，在该书第二章《哲学对心理学的直接影响》中却整个地排除了德国传统的哲学思想，只把法国笛卡儿(Descartes)和英国洛克的传统思想作为冯特心理学的思想背景。其实，从该书的前后结构看，舒尔茨的这种做法，无非是为了给行为主义找历史根据，显然是不妥的！

由此可见，要能客观真实地反映西方心理学发展的历史规律以完成本学科的研究任务，首先要有正确的指导思想。只有在正确的思想指导下，才能发现和搜集到反映真实情况的历史资料，才能正确地分析影响历史资料所产生的诸条件，并从中找出规律性的东西。

从资料方面说，上述的几种心理学史著作也是有缺陷的，因为作者的观点影响他们确定搜集资料的准则。因而，一般来说，要能完成研究心理学史的任务，须有两个条件，即正确的指导思想和足够数量的能真实反映历史事实的资料。然而前者总是影响后者的取舍和利用。

“古为今用”和“洋为中用”是我国学习和研究西方心理学史的目的。

“古为今用”，应该是，而且首先是要求客观如实地反映心理学史的发展规律，以便为今后的心理学发展指出方向，明确道路。只要所发现的规律能真实反映事物的本质，那么这类规律就能在一定历史阶段内对心理学研究发挥指导作用。之后情况变化，旧规律失去作用，在出现的新条件下出现了新规律。但是，新规律总是由构成旧规律的诸条件中产生的新条件决定的，因而新旧规律因新旧条件的联系既有阶段性，又有连续性。这样，循环往复，推陈出新，以至无穷地推动着和指导着人们对心理现象规律的认识，从而推动着心理学发展。只有这样来理解“古为今用”并按此进行研究工作，才能达到我们研究心理学史的目的。否则，如波林那样，只按当时（即1929年）冯特实验心理学的模式去搜集资料，编纂历史著作，就会像他那样将弗洛伊德的精神分析或者应该载入史册的其他人物和事件排除在外。1950年波林在修订版中虽然做了弥补和改正，但是，他一方面宣称弗洛伊德是心理学史上的达尔文，另一方面又为他已定型的《实验心理学史》框架所限制，无法给弗洛伊德如他所尊称的相应地位，不得已只在“动力心理学”的名义下，将精神分析者弗洛伊德和伍德沃茨的动力心理学、麦独孤的目的心理学等拼凑成一章附在末尾。读起来令人有名实不副、削足适履之感。舒尔茨的《现代心理学史》也有用现代的西方心理学史去适行为主义之履的缺点。如果照此办理，那么自20世纪50年代末出现行为主义危机、人本主义心理学运动兴起后，当年被行为主义者华生拒绝研究的意识、意识状态和自我，如今又被列为心理学研究的对象，甚至像古希腊亚里士多德把形式和内容分开研究的思想，也受到信息加工认知心理学研究者们的赏识，这又将怎么办呢？是否又要适人本主义心理学和认知心理学之履重写历史？如果是这样，那么心理学史的研究和编写势必将永远在初创或探新阶段。可见，波林和舒尔茨用来编写历史的标准和办法是不可取的。

我们研究并汲取了现有心理学史著作的优缺点之后，决定尝试从古希腊开始按心理学本身发展的规律，按历史发展的情况分阶段进行逐段研究，直到行为主义发生危机，人本主义心理学运动和结构主义倾向出现为止，力求做到“古为今用”和“略古详今”的统一，以便在漫长的历史年代和丰富的历史资料中探索西方心理学发展中的客观规律。

“古为今用”还必须和“洋为中用”相结合。我们研究的西方心理学是在西方阶级社会（从古希腊奴隶社会到资本主义社会）中发展起来的。西方社会各历史阶段代表人物的思想和理论或多或少会打上他们的阶级烙印，西方各国的传统思想和科学文化的特点，也总会影响他们的心理学思想，因而在研究西方心理学史时，必须将“古为今用”和“洋为中用”结合起来。

历史的经验证明：我们研究西方心理学史，既要反对为历史而历史和“崇洋媚外”、脱离我国实际的态度，也要反对“历史虚无主义”和“盲目排外”的立场。历史上的西方心理学长时期蒙受唯心论和机械唯物论的思想缠绕，同时又缺乏必要的科学知识和技术的支援，因而进展缓慢，缺点错误不少。研究西方心理学史，如果忘记了或者看不到这些情况，以讹传讹，就会迷失方向。与此相反，如果不能正确地对前人积累下来的科学知识和理论观点进行仔细的鉴别，分清精华和糟粕，对历史遗产一概排斥或否定，也达不到“古为今用”和“洋为中用”的目的。

第三节

曲折的发展道路

心理学虽然是一门独立不久的科学，却有长远的历史。远在原始社会，人们在劳动协作中就要交流思想，相互了解，对睡梦和死后情境也有所猜测。那时候，人们还不知道自己身体的构造如何，还不会解释产生上述现象的原因，便认为有某种看不见的东西在支配着人们的活动。这种东西和从口中呼出的气一样，后来就叫作“灵魂”。“心理学”这一术语，就是从希腊文“灵魂”这个词演变来的。

一、回顾历史

人类进入奴隶社会，由于生产力低下，科学知识贫乏，人们只是争论什么是世界万物的本原、灵魂与肉体的关系怎样等问题。到了封建社会，生产实践和科学有了发展，但封建统治阶级利用了宗教迷信欺骗人民，使神学占绝对统治地位，科学和哲学成为神学的侍婢，在宗教神学中灵魂也被神学化。各种心理活动被说成是灵魂官能的作用，出现了官能心理学思想。

文艺复兴迎来了资本主义的幼芽，新兴的资产阶级提出自由、平等和博爱等口号，同维护封建制的宗教教条作斗争。他们尊重个人权利和个人经验，反对神学迷信，提倡研究自然，把人的心理看作感觉经验和意识智能，从而出现了感觉经验的联想心理学和意识的知觉—统觉学说。

随着资本主义制度的确立和巩固，自然科学进步很快，并推动了心理学脱离哲学，促成形式上独立的科学心理学的成熟和创建。

20 世纪初，一方面，西方资本主义社会的政治经济危机愈演愈烈，资本主义变成帝国主义，阶级斗争尖锐复杂，社会秩序动荡，人们思想混乱。另一方面，自然科学仍在继续前进。这些情况反映在刚刚独立的心理学上，心理学内部出现了学派纷争和“危机”的局面。

学派纷争持续到 20 世纪的头十年前后，出现了以研究动物心理为基础的桑代克联结主义心理学、麦独孤的目的心理学，以及随后兴起的势力较大的三大学派：华生的行为主义、格式塔心理学和弗洛伊德的精神分析。这些学派的表现形式虽然很不相同，但是它们有着共同的思想倾向，即把心理看作生物机能，其中多数学派走了心理学的生物学化道路，机能主义成为这时期心理学中的思想主流。

到了 20 世纪 40 年代以后，一方面由于第二次世界大战的影响，人心惶惶，思想混乱，欧洲的许多心理学家也因战祸而云集美国，开始了各学派之间思想的互相渗透；另一方面在战争年代成长起来的通信技术促进了战后电子计算机、控制论和信息论的兴起。心理学在这两大力量推动下涌现出以研究人格（自我）为主的人本主义心理学和认知心理学等理论。它们共同反对行为主义以“S—R”公式为代表的外周论和生物学化的道路，强调中枢论和社会文化对人的心理影响。这就是西方当前流行的结构主义思潮。

二、心理学发展的历史阶段划分

从上述简略回顾中可以看到，在一定历史时期内，心理学有一定的主要问题和主流思想。这些问题和思想主要反映了某一历史阶段的生产实践水平（包括自然科学成就），也反映了最终由生产水平及其生产关系决定的当时社会的思想状况，它们共同制约着人们对心理现象的认识，因而表现出心理学发展的历史阶段性。

从西方心理学发展的历史进程看，大致可以分为前后有连续性的两大时期五个阶段。每个阶段都有代表性的心理学思想主流为其标志，作为西方心理学史分期的根据。

■ **哲学心理学时期**（公元前6世纪至公元19世纪中叶）

1. **官能心理学阶段**：包括奴隶社会和封建社会，大体以讨论灵魂的功能为中心问题，应用的是猜测和推理思辨的方法。
2. **意识经验心理学阶段**：包括从近代资本主义社会开始至19世纪中叶，以讨论意识经验的起源为中心，利用日常观察所得到的有关资料进行心理学的分析归纳。

■ **科学心理学创建时期**（自公元19世纪中叶至今）

3. **实验心理学诞生阶段**：19世纪后半期，以研究意识的直接经验为中心，以实验为主要方法，争取让心理学成为独立的科学。
4. **机能主义心理学阶段**：19世纪末至20世纪30年代，围绕智慧的起源问题，伴随各种心理学派的长期纷争，出现了心理学的生物学化道路。
5. **结构主义倾向**：第二次世界大战以来，出现了旧学派之间的互相渗透和以研究心理动力结构为中心的人格心理学、认知心理学等小型理论。

历史的阶段性和思想的连续性是相辅相成辩证统一的，是质量互变、新旧交替的代谢过程。在以后的章节里，我们将会具体地看到每一新旧阶段都有明显不同的思想主流和它们之间的过渡，这是不以人的意志为转移的客观规律。

亚里士多德的思想即使在今天，也能启发人们去考虑心理过程的相互关系问题。

古代人把灵魂及其活动即心理现象看作生命现象，并尝试说明心理和神经脊髓、脑以及体质的关系。他们对心理现象进行分类研究，对感觉、记忆已有一些规律性的描述。

CHAPTER 1
第一篇

Ancient European
Soul Faculty Psychology

古代欧洲
灵 魂 官 能 心 理 学

公 元 前 6 世 纪 至 公 元 16 世 纪

古代欧洲包括奴隶社会和封建社会。它经历古希腊罗马和中世纪黑暗时期、文艺复兴，长达二千二百多年。分两章简述。

亚里士多德

灵魂是生命的本质，身体只是灵魂的工具，只有灵魂才能使肉体的动作得以实现。

柏拉图

灵魂来自理念世界，灵魂进入身体而支配身体活动；人体死亡，灵魂又回到理念世界，所以灵魂是永生不死、轮回转世的。

奥古斯丁

感觉、思想、意志等是灵魂的官能，身体只是灵魂感觉外物的媒介，真正的推动力是灵魂。

巴门尼德

抽象的“存在”才是唯一真实的，是不动不变的东西。

希波克利特

人体中有四种性质不同的体液，它们来自不同的器官。这四种体液结合的比例不同，构成了人的不同体质。

德谟克利特

世界万物由物质原子组成，灵魂由最精细、最圆滑的物质原子构成。

毕达哥拉斯

数是“一切存在物的始基”。灵魂的理性部分不死，其余部分则会死亡。

泰勒斯

水是万物根源；万物生于水，消灭后复归为水。

赫拉克利特

火产生一切，一切都复归于火。一切事物都换成火，火也换成一切事物。

达·芬奇

一切认识从感觉开始，没有感觉就没有思维，没有认识活动。但感官不是镜子，镜子没有主观的感觉，也不能保留印象。

阿奎那

神学真理来自上帝的启示，是信仰的真理；哲学真理从辩证推理得来，是理性的真理；只是哲学理性要为神学教条的信仰找理由，为神学服务。

SECTION1 第一章

Psychology in Greek Philosophy
古希腊哲学中的心理学

第一节

万物的本源

古希腊早期（约公元前8—前6世纪）希腊人在今巴尔干半岛南端定居后，他们在东至爱琴海东岸，西到欧洲意大利南部等处经营殖民地，建立起许多小国。每个小国以一个城市为中心，叫作城邦国家。这些城市也是当时哲学家的活动中心。殖民地的人们多半是被迫离开希腊本土的，他们为克服贫穷而经营工商业，注意自然现象，从事纺织、制陶和酿酒以及筑桥、造船等事业。政治上比较民主，属于奴隶主内部的民主派。当时的哲学心理学思想就是从民主派和贵族争辩万物（包括灵魂）的本原是什么时的言论片断中整理出来的。

一、奴隶主民主派

■ 米利都学派（以米利都城得名）

泰勒斯（Tholes, 约公元前 624— 前 546），是米利都学派的创始人，欧洲最早的科学家和思想家。他曾预测到公元前 585 年的日食。他认为水是万物根源；万物生于水，消灭后复归为水。灵魂也是水构成的，这是初民的物活论思想。历史上称泰勒斯是欧洲史上第一个物活论者。

阿那克西曼德（Anaximender, 约公元前 610— 前 546），是泰勒斯的学生，欧洲第一个绘制地图的人。他和他的学生阿那克西米尼（Anaximens, 约公元前 588— 前 524）都认为万物的根源在于气。灵魂也是气，散布于全身，使人活动，使人思想，使人成为统一体（《古希腊罗马哲学》）。

■ 爱非斯学派

赫拉克利特（Heraclitus, 公元前约 535— 前 475）继承发展了米利都学派的思想。赫拉克利特曾说过："人民应当为法律而战斗，就像为自己的城垣而战斗一样。"在世界万物的起源问题上，赫拉克利特提出："火产生一切，一切都复归于火。一切事物都换成火，火也换成一切事物。"世界的转化有一定的次序和一个确定的周期，适应着不可避免的必然性。他把这个必然性叫作"逻各斯"、命运。他还说："人不能两次踏进同一条河流。我们既踏进又不踏进同样的河流；我们既存在又不存在。”

赫拉克利特认为灵魂是纯净的火，在人体最热烈的部分，灵魂受潮就入睡或失去知觉。灵魂全部潮湿，人就死亡。只有“最干燥的灵魂是最智慧的、最好的”。智慧“是认识那善于驾驭一切的思想”。他鼓励“爱智慧的人应当熟悉很多的事物”。不过，他也指出，“博学并不能智慧”。因为“眼睛和耳朵对于人们乃是坏的见证，如果他们有着粗鄙的灵魂的话”。这是他与毕达哥拉斯论战时说的。他嘲笑毕达哥拉斯“是在所有的人中间最用功研究学问的，当他挑选这些著作之后，他便从其中得出一种自己的智慧：博闻强记，矫揉造作”。这是由于赫拉克利特把智慧看作对“逻各斯”的认识，虽“博闻强记”，但如果灵魂粗鄙，矫揉造作，就不能正确认识事物的必然性——“逻各斯”，而得到“善于驾驭一切的思想”。可见，赫拉克利特已经注意到智慧的本质和认识过程中客观和主观相互作用的问题，其中具有宝贵的辩证法因素。

二、奴隶主贵族派

■ 毕达哥拉斯学派

毕达哥拉斯 (Pythagoras) 组织贵族集团的哲学和政治同盟同民主派相对抗，史称毕达哥拉斯学派。这个学派研究数学，提出了著名的毕达哥拉斯定理。毕达哥拉斯是欧洲史上第一次提出“数量”概念的人。他把数看作“一切存在物的始基”，世界万物皆是从数产生的。这与民主派把物质的元素水火等作为万物本原的观点形成尖锐的对立。

毕达哥拉斯把人的灵魂分成三部分，认为灵魂的理性部分是不死的，其余部分则会死亡。这是欧洲史上第一次明确提出“灵魂不死”的思想。

毕达哥拉斯研究过视觉和听觉，是欧洲史上首次发现谐音和弦长比例有关的人。据说，有一次，他走过铁匠工场时，忽然感到锤铁的和谐声。后来他在弦琴上试验，发现原来是弦长的数量比例关系规定了音调的和谐。他的这一尝试可以说是心理学史上的最初实验，也是音乐心理学的一次发现和成就。

阿尔克迈恩（Alcmaeon，公元前535年前后）住在克罗顿城，与毕达哥拉斯同时代，他们的思想观点极相近，有人怀疑可能是同一个人。阿尔克迈恩根据两个数对立成物的观点，在观察人类有机体后提出感觉器官结构和机能的理论。以眼睛为例，他认为眼里存在着火和水：火通过打击眼球冒火星的感觉可以发现；水是日常人们从眼中见到的。他认为，眼中的火是一种“内生的火”，它不是主观现象，而是由透明的鞘膜把活动的火和水封闭于眼内的。他把视觉说成是反照和发射过程的结合。反照由眼中水元素给予客体的印象，发射是直接把光线射向印象的火的活动。听觉也是双重过程，运动着的空气把声音传送到耳朵的真空部位，使这个部位成为充满空气的气室。通过这一媒介室传入声音再传送到脑，所以，耳外的声音不是直接传入脑的。这表明当时关于耳的生理结构和机能已有一些发现（参看G.S.Brett所著*A History of Psychology*）。

■ 爱利亚学派

巴门尼德（Parmenides，公元前540年前后）和**芝诺**（Zeno，公元前

490—前430)，属于毕达哥拉斯学派成员，因居住在爱利亚城被看作另一个学派。芝诺是巴门尼德的学生，学术思想有师承关系。

巴门尼德否认日常所听到、所见到的东西是真实的，认为那是一种“空洞的声音”“虚幻之见”。他反对赫拉克利特关于事物是运动的观点，认为抽象的“存在”才是唯一真实的，是不动不变的东西。他是历史上第一次提出“思维与存在同一性”命题的人。不过这是个唯心论和形而上学的命题。芝诺则为论证“存在”是单一不变的主张，提出“飞矢不动”等来诡辩。

爱利亚学派崇尚理智，反对感性认识的可靠性。巴门尼德说：“不要遵循这条大家所习惯的道路，而要用你的理智来解决纷争的辩论。”芝诺认为声音之间的相互关系和物体之间的相互关系是同一的。因为一袋谷粒跟一颗(完整的)谷粒或一颗谷粒的万分之一有数量关系，那么它们落地时发出的声音也就有同一关系。因此，一袋谷粒可以发出声音，一颗谷粒和一颗谷粒的万分之一，也同样可以发出声音。这个学派抽去了具体事物谈论抽象的数量关系，并用这种关系反过来强加于具体事物，以反对和否认感性认识的真实性。

总之，古希腊早期的思想家们，首先是在万物本原问题上提出灵魂是什么的问题。一派认为，灵魂是物质的、运动着的、不断变化发展的。他们提出感觉是物和物相互作用、以同知同的观点，并且注意到了认识过程中主客观的相互作用。另一派则认为，灵魂和万物的本原一样是抽象的，它和数或者存在同一。思想和身体同一，是不动不变的，并且把听觉的声音看作抽象的数量关系，从而提出知觉是不真实的和灵魂不死、轮回转生的思想。虽然两派的思想各有片面性，但前者唯物，后者唯心，在万物起源即谁是第一性的本体论问题上是对立的。在灵魂即心理实质的问题上也是如此。不过应该指出的是，毕达哥拉斯关于谐音的试验和结论是正确的，只是他以这个局部正确的事实，倒果为因地推广到全体，即把世界万物都看作抽象的数的化身，这就错了。

第二节

唯物或唯心：德谟克利特和柏拉图

公元前500—前449年发生了历时半个多世纪的波希战争。战争的结果是以雅典为首的城邦同盟打败入侵者波斯帝国，从此开始了希腊奴隶制繁荣时期。在这一时期内，奴隶主民主派取得政权，雅典城成为当时希腊的政治经济和文化中心。古希腊科学文化有了很大发展。在思想领域，奴隶主内部的斗争仍很激烈。列宁曾把这个时期的哲学归结为以德谟克利特和柏拉图为代表的思想路线之争。下面分别简介他们的心理学思想。

一、德谟克利特的唯物论、原子论心理学思想

德谟克利特（Democritus，公元前460—前370）是一个工商业奴隶

主的儿子。他学识渊博，著作广泛，马克思和恩格斯称他是经验的自然科学家和希腊人中第一个百科全书式的学者。

德谟克利特认为，世界万物由物质原子组成，灵魂由最精细、最圆滑的物质原子构成。它在身体中运动就产生生命现象，并借助呼吸和外界沟通。如果身体中的灵魂原子散失殆尽，人就死亡。他是第一个说出“灵魂必死”的希腊哲学家。他认为，人的心理活动就是灵魂原子的运动。外物的原子进入人体的不同器官，透入脑膜产生各种感觉。“视觉并不是直接在瞳孔中产生的，而是在眼睛和对象之间的空气由于眼睛和对象的作用而被压紧了，就在上面印上了一个印子。因为从一切物体上都会经常发射出一种波流，这空气由此取得了坚固的形状和不同的颜色，在湿润的眼睛中造成了影像。”关于听觉，他也用和别的感觉一样的方式来解释：掉在虚空中的空气产生一种运动，虽然它也同样透入全身各部分，但它尤其最大量地进入耳朵，因为这里空气最广，并且可以毫不停留地穿过。因此这种感觉就只在这地方而不在身体的其他地方产生。此外，德谟克利特还注意到感觉伴随主体状态的变化而变化。因为他发现，当人体因病发烧时尝到的蜂蜜不是甜味，而是苦的。

不过，德谟克利特认为，由于物体原子经过空气摩擦而变形，所以感觉是模糊、暧昧的，是认识的初级阶段。他说：“有两种形式的认识：真理性的认识和暧昧的认识。属于后者的是视觉、听觉、嗅觉、味觉和触觉。”关于思想，德谟克利特认为，也是“透入我们之中的影像产生的；因为若不是有影像来接触，就没有人能有感觉和思想”。他把灵魂和理性看作“完全同一的”“是火构成的”。“由于它的精致和它的形状，是能动的……而理性及火的形状就正是这样。”

德谟克利特还注意人的个性培养，认为人的本性是可改变的。禀赋和教育同样重要，通过教育可以创造第二个性；有规律的生活能养成平衡的性格，而能力是由练习得来的。个性就是在生活和教育中培养起来的。

虽然德谟克利特的心理学思想十分粗糙、朴素，却代表了古代欧洲奴隶社会初期，人们关于心理实质、身心关系、心理过程以及个性形成问题上的唯物论观点。几千年来，心理学的一些根本问题也是围绕着这些问题展开，并经过以后长期研究发展起来的。

二、柏拉图唯心论的理念论心理学思想

柏拉图（Plato, 公元前427—前347）是苏格拉底的学生。德谟克利特继承发展了米利都和爱非斯学派的思想。柏拉图则接受了毕达哥拉斯、巴门尼德和苏格拉底的思想。他将巴门尼德的“存在”说成是“理念”，认为理念世界是唯一真实的、第一性的。他经常用苏格拉底和别人谈话的对话形式发表自己的论著。

在心理学上，柏拉图认为灵魂来自理念世界，灵魂进入身体而支配身体活动；人体死亡，灵魂又回到理念世界，所以灵魂是永生不死、轮回转世的。柏拉图还认为理念世界的灵魂进入人体之后，肉体就成为灵魂的牢狱，使它忘掉了理念世界的知识。通过感觉经验，使灵魂引起对理念世界的回忆，唤起理念世界的知识影子，重新回忆起理念。例如，他把一个人走到陌生地而有一种熟悉之感，说成是灵魂对生前

世界的回忆。柏拉图的这种思想是后来欧洲心理学关于天赋观念和内省法最原始的表达方式。

柏拉图在《理想国》中把人分为三种等级（奴隶除外），即哲学王、武士和劳动者。和人的等级相应，在心理分类上也是三种等级：最高级是理性，在头部，相当于哲学王的灵魂；勇气意志在胸部，相当于武士的灵魂；最下者为肉欲，在横膈膜之下，相当于劳动者的情欲。理性命令意志管辖情欲，相当于哲学王命令武士统治人民。正常、健康的人，就是能按灵魂等级各司其职，安分共事的人。相传这是欧洲历史上最早的知、情、意三分法。虽然，这种分类只是一种政治比喻和生活体验的混合物，缺少科学根据，可是它通俗易懂，接近常识，以至于持续至今。

柏拉图还把情感分为愉快和不愉快两种。凡合乎自然方向和运动目的的就使人感到愉快；反乎自然的则感到不愉快。意志是因需要引起要求满足的运动。灵魂中和就是欲望得到满足。

柏拉图还认为，记忆是感觉在灵魂中的保存，记忆也靠联想活动。他说，看见七弦琴而想起琴的主人；看见一张肖像画，想起画上的本人。“所有这些例子，都可以说明回忆可以由相似的东西所引起，同时也可以由不相似的东西所引起。”后来人认为，这是关于联想的接近律和相似律的最初描绘。

总之，柏拉图和德谟克利特的哲学心理学思想，主要是围绕着精神的理念和物质的原子、谁是世界本源这一基本问题的见解展开争论的。由此揭开了欧洲心理学史的序幕。后世的人们只是在各个不同的历史时期、不同的哲学思想和不同的科学知识条件下，以不同的方式表达了他们之间的或者相同，或者相反，或者是调和折中的见解而已。柏拉图的学生亚里士多德就是后一种思想的代表。

第三节

亚里士多德的灵魂形式说

在公元前 431—前 404 年，以斯巴达城为首的奴隶主贵族和雅典民主派发生了伯罗奔尼撒战争，近 30 年的连年战祸致使希腊奴隶主民主制逐渐衰落。公元前 338 年，希腊北方的马其顿王国崛起，击败了雅典及其盟军，各城邦公推马其顿王为领袖。亚里士多德就是马其顿王国全盛时期杰出的思想家。

亚里士多德（公元前 384—前 322）是御医的儿子，马其顿王亚历山大幼年时期的宫廷教师。他曾系统整理了古希腊以来各家的哲学思想和科学成就，建立起自己的理论体系。他著作很多，其中《论灵魂》是欧洲史上第一本关于心理学的专门著作，书中采用了当时的生理学知识来解释心理现象，并系统地讨论了心理现象的各个方面。

在哲学上，他采用调和态度，认为理念世界是虚构的，它和我们的现实世界矛盾，只有现实世界才是真实的。显然，这是唯物论的观点。在关于世界万物的本原问题上，亚里士多德提出了“四因说”，认为任何事物都由形式、目的、动力和质料四个因素构成。他还认为，形式是质料追求的目的，又是推动质料的力量，因而形式包括了动力因和目的因。他有时只用质料因和形式因来解释所要解释的事物的形成原因。但是，他认为事物的等级由不同的形式决定：最低级的事物是消极的、不活动的纯粹质料；最高级的事物是积极主动的纯粹形式；世界的最高原则也是形式，形式是一切事物的推动者。这样亚里士多德即陷入了唯心论。

在心理学思想上，亚里士多德认为，心理学有生物学的特点。生物的特点在于自我保存；为了自我保存，有机体必须具有营养能力、感觉能力和理性能力，而任何生命现象都有它所追求的内在目的。这种内在目的，亚里士多德称之为“隐德来希”（有时他认为就是灵魂，参看黑格尔《哲学史讲演录》第2卷）。心理学就是研究灵魂达到目的的功能。所以，他认为心理是属于自然现象的，心理学具有生物学的特点。

在身心关系问题上，亚里士多德认为，灵魂和肉体是统一不可分割的，它们之间的关系有如“割”之于“斧”，没有“斧”，“割”也不存在。这是身心统一于物质的唯物论观点。不过，他又认为，灵魂是生命的本质，身体只是灵魂的工具，只有灵魂才能使肉体的动作得以实现。这样亚里士多德又回到他关于形式决定质料的唯心论。可是，在这里，亚里士多德并不把灵魂看作实体，而是看作活动的形式。这个观点对后世的心理学思想有积极的影响。因为正是从这观点出发他才把灵魂定义为“隐德来希”。这个“隐德来希”就是后来笛卡儿说的“动物精神”或“精气”。

在心理分类上，亚里士多德反对柏拉图的知、情、意三分法。他认为灵魂是整体的，不能分为部分，它以整体性发挥它的功能（作用）。不过，他认为，人的灵魂有两种功能，即理性的和非理性的。灵魂的非理性功能是被动的，与肉体同生死；灵魂的理性功能是主动的，肉体死亡，它复归于纯粹形式。

首先，亚里士多德把感觉看作动物生存的必要手段，提出感觉的第一特征是辨别力。例如，视觉能辨别黑与白，味觉能辨别甜与苦，等等。动物有了这种天赋的感觉能力，才能在一定距离内知觉对象，做出趋避的动作。

其次，亚里士多德承认外部物体的作用是引起感觉的原因。人们感觉到的是外部事物；没有外部事物的作用，感觉就不能产生。

再次，亚里士多德把感觉看作来自外部的运动或影响的过程。当某种物体发出运动，影响某种媒介物将这运动送到某一感官上时，就产生感觉。他把外物作用感官产生的感觉印象或痕迹，比作金戒指印在蜡块上的印纹，是真实的。

最后，亚里士多德把感觉分为五种特殊感官的感觉和共同感觉。每种感觉都有特殊的对象。每种感觉与对象之间都有自己的媒介物。他对五种感觉都给予了一定生物学意义的描述：触觉是最原始的感觉，是生物是否活着的标记，味觉具有营养作用，听觉、视觉、嗅觉都是距离感觉，它们的存在，“不是为了动物的生存，而是为了动物更好地生存”（*Aristotlel* 所著 *De anima*）。

亚里士多德认为感觉接受的对象是有一定范围的，声音过小固然听不见，过大也是听不见的。此外，感觉也和两种物体相互作用的比例有关；比例适当就感到愉快，不适当则感到痛苦或者有害。所以他认为感觉的程度是相对的，如尝过强烈味道的味觉器官（舌），就不能辨别轻微的味觉；受过强烈响声的耳朵就会暂时变聋；一只手接触在比手硬的物体上就觉得硬，触在比手软的物体上就觉得柔软。事实上，亚里士多德已在讨论关于感觉阈限、感觉的相互作用和适应、对比等心理现象。

除上述的特殊器官感觉外，亚里士多德还说到共同感觉，它能区别形状、运动、静止、数目和时间长短等。其实这已是现在说的知觉。他还认为共同感觉执行着想象和记忆的功能，指的也是知觉。

在解释梦时，亚里士多德谈到了想象。他认为想象是在缺乏视听时发生的，做梦就是一种想象。想象是感觉后的结果，没有过去的感觉，想象活动是不能进行的。人的灵魂没有想象就不能思想，想象或者意象是一切思想的基础，是最高理性活动的条件。

亚里士多德把记忆看作感官知觉留下意象的再生或重新活跃。他认为记忆有两种特性：

1. 记忆的对象是过去的东西，一切记忆都会有逝去的时间，凡是能知觉时间的动物都有记忆，而知觉时间的器官也就是记忆器官。
2. 记忆对象总是和与当前的知觉对象有关的东西相联系，如一个人看到一张画，当他从这张画本身而不是从与画有关的东西或相似的东西进行思考时，这就是思维；当他把这画作为与某物相似的东西或作为肖像时，那么，那个被作为肖像想起人物来的过程就是记忆。他认为记忆过程常和思维过程交错在一起，如想记起一件事而记不上来时，如果改变观点就能突然记起。他认为，这是把有关的相似的东西同要求的东西联系起来了。他还指出，记忆也常和想象相混淆，精神错乱的人，常常把纯粹的幻想当作记忆的事实，这是因为这些人把不相似的东西当作相似的东西看。

亚里士多德还认为记忆和回忆不同。记忆是被动的再生，是人和动物共有的。回忆是主动的，要求有思维的推理起作用，只有人类才有。关于回忆的条件。他认为：

1. 联想有助于回忆，如相似的、相反的和邻近的事物都有助于想起要回忆的东西。
2. 情绪对回忆有积极作用，也有消极作用。情绪激动时会妨碍记忆，因为激动时会失去意志的控制，使回忆不能按照要回忆的方向进行。相反地，愉快的情绪会增加人的记忆效果。
3. 组织得好的材料，比组织得不好的材料更有利于记忆。

在亚里士多德看来，感知觉、想象和记忆都是整体性灵魂的非理性功能，它们的总管区域在心脏，而思维是灵魂的理性功能，它无一定的器官。这些思想，显然是错误的。

此外，亚里士多德还谈到情感、欲望、需要、动作和意志等心理现象。他认为，欲望是心理运动的资源。例如，滋味本属于营养物的性质，但气味和一定的食物性质相联系，即和动物所需要的食欲相联系。动物需要这种食物时，它的气味就使动物产生适意之感，从而迫使动物行动。亚里士多德还描述了动作的产生过程。首先动物的缺乏之感引起对所缺乏之物的需要，然后产生需要的意象；意象引起追求的欲望，迫使有机体发出动作。不过，他认为像饥渴欲望得到满足的行动是本能动作，而高级行动则有理性思维参加，是意志行动。

总之，亚里士多德是欧洲历史上对心理现象做过如此全面系统描述的第一个人。

亚里士多德的心理学思想在历史上起了以下一些作用：

1. 他把心理现象看作自然现象，并和生物的自我保存功能联系起来，使心理生活摆脱了神秘性，预示着心理现象可以成为一种用科学方法研究的对象。

2. 把心理现象看作生命现象中不同等级的功能，来区分人类和动物的心理特点，是一种比较心理学的最初研究形式。

3. 强调了心理活动的整体性，对各种心理过程做了相互联系与互相制约的描述，具有辩证的思想因素，纠正了柏拉图把知、情、意割裂开的形而上学缺点。

4. 对感觉的功能、性质、过程及其类别的研究以及对感觉、记忆、想象和思维之间关系的分析，丰富了当时的心理学知识，这在启发当今的人们考虑如何整理零散的经验材料，使之成为系统的知识方面，不仅有历史意义而且有现实意义。

但是，亚里士多德关于形式高于质料即灵魂高于肉体和目的论的思想观点，后来为中世纪神学所利用，并且长时期地统治着中世纪人们的思想。他的积极方面影响直到笛卡儿生活的 17 世纪才得以恢复。有人认为自从电子计算机引起的信息加工理论导入心理学领域以来，亚里士多德关于形式和质料是统一的整体又可以分开研究的思想，至今仍为人们援引而具有现实意义（参看 *Thomas H.lcahey* 所著 *A History of Psychology*）。

欧洲社会进入后希腊和古罗马时期，奴隶制已渐形衰落，学术思想也不如以前活跃。在这时期内，虽然有伊壁鸠鲁 (Epicurus) 和卢克莱修 (Lucretius) 等继承了德谟克利特的原子论，并有所发挥，但在心理学上发挥得不多，只是在某些问题上讲得清楚一些，这里就从略了。

第四节

医学中的气质学说：希波克利特和盖伦

希波克利特（Hippocrates，公元前 460—前 370）是古希腊时期的人，盖伦（Galen，132—200）是古罗马时期的人，把他们放在一起讲是由于他们当时都是名医，且在思想上有继承关系。他们都从临床经验中总结出了一些有益的心理学知识。

希波克利特是西方医学始祖，生活在古希腊奴隶主民主制盛行时期，曾和德谟克利特一起参加过反对贵族、反对唯心主义和宗教迷信的活动。他虽然不赞同德谟克利特的物质结构学说即原子论，却承认一切事物都有自然的原因。这是从他亲身经历的医学实践中得到的结论。他说过医学判断的出发点是身体本身。从这观点出发，他认为，由人体各部分联系起来的统一整体影响各部分，各个部分也影响整体。例如，身体的任一部分哪怕是最小部分的感觉，也有一定的作用，因为各部分是互相联系着的。希波克利特还注意到地理环境、气候、季节和生活方式与人的身心健康方面的关系。

希波克利特著有《论圣病》一书。“圣病”是当时人对癫痫病的称呼，人们把它看作和神有关的一种疾病。希波克利特则指出病因在脑，不是神，把它看作神灵附体的圣病，是因为人们没有经验，对它的特殊性有些惊奇。他认为，感觉冲动归于脑，脑是知识的场所。由于脑，我们才能思维、理解、看见、听见，才知道丑和美，恶和善，适意不适意。也是由于脑，我们才变得疯狂，发谵妄，为害怕和震怖侵袭。当时人们都认为心理活动在于心脏，而希波克利特则认为在于脑，这是由他的医学经验中得到的结论。

希波克利特还著有《论人的本性》一书，提出人体中有四种性质不同的体液，它们来自不同的器官。脑有黏液，有冷的性质；失去黏液的人就会患癫痫病。肝脏有黄胆汁，有热的性质。胃有黑胆汁，有渐温的性质。血液出于心脏，性质干燥。由于这四种体液结合的比例不同，构成了人的不同体质。体内的某种液体过多或者过少，或者比例不适当，人都会感到痛苦。希波克利特的四种体液说，后来被误传为气质学说。其实，气质学说是以后盖伦改进了四体液说才形成的。然而，从知识积累来看，希波克利特在气质学说的形成上也是个贡献者。盖伦就是在他的四体液说的知识基础上发展成气质学说的。巴甫洛夫曾推崇这一学说。

盖伦发现，多血质的人，血液最多，这种人的行动表现为热心、活泼。黏液质的人，痰液多，这种人的心理表现为冷静、善于思考和算计。神经质的人，黑胆汁多，有毅力，但表现出悲观。胆汁质的人，黄胆汁多，易发怒，动作激烈。可见，气质类型的心理表现在盖伦时代已相当明确。盖伦还认为，人的行为方式不仅取决于气质，也决定于他所处的环境。

本章小结

这一章揭开了欧洲心理学史的序幕，它的中心问题是灵魂究竟是什么。围绕着这个中心问题，人们引申出身心关系、心理过程等一系列不同意见的争论。德谟克利特继承发展古希腊早期奴隶主民主派的唯物论思想，柏拉图综合了同期奴隶主贵族的唯心论思想。他们以原子论和理念论的思想对立形式展开了全面的争论。

除了研究上述的一些基本问题外，他们也积累了不少心理学的知识，尤其是亚里士多德的《论灵魂》是一本有历史价值的心理学专著，其中对于各种心理活动做过辩证关系的描述。亚里士多德的这些描述和解说和现代的格式塔心理学、认知心理学都有类似之处。因此，亚里士多德的思想即使在今天，也能启发人们去考虑心理过程的相互关系问题。

古代人把灵魂及其活动即心理现象看作生命现象，并尝试说明心理和神经脊髓、脑以及体质的关系。他们对心理现象进行分类研究，对感觉、记忆已有一些规律性的描述。亚里士多德还把心理学和生物学联系起来等。总之，在这一章里，我们看到了西方古代人的心理学思想和心理事实知识的获得，是同时增加并互相促进，推动着心理学迈出了历史的第一步。

SECTION 2 第二章

Spark in the Dark: Medieval Psychology
黑暗中的火星：中世纪心理学

自公元 479 年西罗马灭亡后，西欧社会进入了封建时期，到了 15 世纪封建制衰落，前后约经 1100 多年。这个时期欧洲社会的特点是：封建王朝和宗教教会长期联盟，统治着社会的一切。最后，封建社会和教会内部孕育起来的新兴力量聚合一起反抗旧势力，在恢复古代希腊文化的形式下，滋长起资本主义社会意识形态的幼芽。西欧史上称前者为中世纪黑暗时期，后者为文艺复兴时期。和这两个时期的历史条件相适应，欧洲心理学的中心问题，从讨论灵魂官能转向讨论感觉经验。

第一节

以神之名

公元初出现的基督教，原本代表奴隶和贫民利益，反对以罗马帝国为号召。公元 2 世纪后半期罗马帝国宣布基督教为国教，开始了政教联盟统治。公元 5—6 世纪，封建社会的上层分子利用“教父学”来加强思想统治。公元 11 世纪，经院哲学取代了教父学。教父学和经院哲学都是基督教神学的思想体系，它们强调诵读《圣经》和信仰上帝，宣布教会权力高于一切，王权服从神权，世俗听命于教会，哲学成为神学的侍婢。

官能心理学认为人类的心系由许多官能所组成，诸如意识、感情、知觉、想象、记忆、推理、意志、注意等，均属人心中的重要官能。各种官能本来是分立的，如经训练，数种官能彼此配合即产生各种心理活动。当时神学大师中最主要的是奥古斯丁 (Augustine) 和阿奎那 (Aquinas)，而中世纪末的“唯名论”则代表着他们的反对势力。

一、奥古斯丁教父学中的官能心理学思想

奥古斯丁，在中世纪初教父学中被教会称为“圣人”和“真理的台柱”。奥古斯丁宣称，柏拉图的理念是造物主在造物前的思想，上帝是根据理念造物的。它是最高的理想，要达到这种思想境界，只有与神汇合。他说，真正的知识就是在出神状态（神人）和上帝会合。奥古斯丁的心理学思想就是从教父学中引申出来的。

■ 宣传身心“二元论”

奥古斯丁认为灵魂和身体同是上帝创造，各自独立存在。灵魂是非物质的，分布于全身，支配身体，管理人的一切行为。虽然，奥古斯丁承认，灵魂和脑有密切关系，支配着身体的生命过程；灵魂接受来自各种感官印在脑中的印象，并输送运动到肌肉，使肌肉发出各种动作。但是，他认为感觉、思想、意志等是灵魂的官能，身体只是灵魂感觉外物的媒介，真正的推动力是灵魂。灵魂是生命的主宰者。显然，这是神学化了的柏拉图的理念论思想。奥古斯丁还认为，灵魂虽然无时不支配着身体，但有时它却意识不到身体过程。在这里，他已预示有无意识的活动存在。

■ 第一个内省主义者

他认为人的知识有两种来源，一是由感觉器官来的关于外部世界的知识，二是来自灵魂对内心经验的反省。他说：经过反省就知道人体内有灵魂存在。比如说，我怀疑，这个怀疑者是谁？就是灵魂。一个人说，他有怀疑，就是他了解他在怀疑。有怀疑就表明他记忆这个怀疑，也就是在思想，所以灵魂知道自己在思想，理解自己是非物质的。因此心灵是通过自己认识自己的。这样，在历史上人们就把奥古

斯丁看作心理学上第一个内省主义者。

■ 官能心理学的创始人

奥古斯丁认为，记忆、理解（或理智）和意志三者是灵魂的主要官能，但他强调意志作用。他在《论三位一体》中说道，这三者，记忆、理解、意志，不是三种活力，而是一种活力；不是三个心灵，而是一个心灵。这三者是一体，它们是一个生命，一个心灵，一个本质。它们在经验上形成统一体。不过，这三者又是各自独立的。后世人就把奥古斯丁阐述的这些心理学思想，称之为“官能心理学”思想，并认为他是官能心理学的创始人。

二、二重真理——阿奎那心理学思想

托马斯·阿奎那（1225—1274），意大利人，是经院哲学体系的完成者。他的影响深远，直到现代还有新托马斯主义。

阿奎那宣称君主权力来自上帝（即君权神授说），政权应服从教权。不过，他赞同哲学和神学分开，认为神学真理来自上帝的启示，是信仰的真理；哲学真理从辩证推理得来，是理性的真理；只是哲学理性要为神学教条的信仰找理由，为神学服务。这就是阿奎那提出的“二重真理论”。这个理论为哲学是“神学的侍婢”制造了理由，却也为先进的思想在宗教教会内部的存在留有余地。我们以后将会见到，诸如培根、笛卡儿等许多著名的先进思想家，都利用“二重真理”宣传唯物论思想，而阿奎那也就是以“二重真理”使亚里士多德的思想为神学服务的。

阿奎那的《神学大全》是中世纪官方思想体系的百科全书，最有影响，其中还包括心理学方面的思想。他从经院哲学歪曲亚里士多德关于心理现象的解释，使官能心理学进一步神学化。

■ **身心关系**

阿奎那歪曲亚里士多德的思想，把灵魂看作物质以外的一种力量，可以离开肉体而存在。他说：灵魂是尘世中生物的内在生命原则，因而是有机体的内在生命原则，有机体有死亡，灵魂则不灭。可见，阿奎那抛弃了亚里士多德身心统一不可分的唯物论，倒退到柏拉图和毕达哥拉斯的灵魂不死，轮回转生的思想去了。

■ **心理（灵魂）功能**

阿奎那从奥古斯丁的官能心理学思想出发，把各种心理活动只看作内在的心力——灵魂的官能，提出感觉能力中包含有“内部感觉”，各种认识能力离不开非物质的灵魂，却不依赖肉体器官，如记忆力、想象力、思维能力等。这样一来，各种心理活动就成为没有物质基础的神秘力量（心力），使官能心理学更加神学化。

阿奎那还提出有超理性的认识功能，认为它是受上帝启示得到信仰的真理，是先于个别事物存在的。例如，看见蓝的杯子和盘子，它们的共同点是“蓝的”。这是为什么呢？阿奎那认为理性的概括性功能在起作用。但是，他又认为这个“蓝的”颜色，是杯子和盘子的“共念”，是由信仰来的，而信仰来自上帝。

■ **其他心理功能**

阿奎那认为情绪有好有坏，许多情欲是合理的，只是情绪充分发作时会扰乱思想。所以，他认为修道院的禁欲生活是最高原则，它能和上帝感应。阿奎那主张在原则上理智支配意志，并认为这是绝对的。

而意志支配理智是相对的，因为意志必须选取理智认为最好的对象。不过他认为，这是日常生活情况下，要求个人对自己的行为负责时必须如此。但在信仰上帝这样一些高于灵魂的对象上，意志要超脱理智而支配理智。

三、感觉经验心理学思想的萌芽

早在 11 世纪，教会内一些先进思想家因反对教条和权威，引起唯名论和唯实论的长期争论。历史上人们将这一争论分为两个时期，前期包括 11—12 世纪，后期是 13—14 世纪。在这一节里，我们只简略地介绍后期三位唯名论者的心理学思想作为代表。他们是罗吉尔·培根 (Bacon)、邓·斯各特 (Scotus) 和威廉·奥卡姆 (Ockham)。他们都从两个方面反对教会正统的阿奎那唯实论思想。他们虽都信奉二重真理，却从这个理论导出了先进的思想。

首先，斯各特和奥卡姆反对阿奎那的意志主义，提出他们自己的意志主义，认为意志并不受理智支配。例如，当外物给予心的印象模糊时，只要意志注意到就使印象鲜明起来，而意志一停止作用，印象又模糊不清了。斯各特认为，如视知觉有中心和边缘一样，理智也有中心和边缘，其原因就在意志的作用。他们这样说的目的是把意志和理智分开，即把信仰和理性分开。因为传统上信仰属于意志，科学属于理智。也就是说，理智即科学有自己的任务，不能为信仰的教条找理由，为信仰服务。

其次，他们在理智问题上，强调感性知识、个别事物的真实性，反对把一般概念、普遍性和形式看作最实在、最高的正统思想。

亚里士多德曾提到事物是形式和质料的统一，有时则说形式高于一切，那是指一般概念、普遍性，意思是形式（一般概念）和质料统一就成为具体事物或个别事物。阿奎那利用亚里士多德形式高于一切的说法，强调一般概念的实在性，即上帝是最高存在。这就是说，问题从本体论转到了认识论，即从物质第一性还是精神第一性，转到先有一般后有个别，还是先有个别事物后有一般概念，或者说究竟是个别事物真实，还是一般概念真实的问题。斯各特倾向经验论和感觉论，主张个别先于一般，真实的知识来源于对个别事物的感知，理性的东西归根到底由局部的感性知识而来。

奥卡姆发挥了斯各特的思想，认为感觉是由于外部事物的作用而产生的，感觉引起记忆，记忆又引起感觉。这样，由于经验不断重复才产生共相（即一般概念）。他认为一般概念、普遍性只是理解作用的结果。他反对乱用“普遍性”“实体”这类概念，他的这个原则被史学家称为“奥卡姆剃刀”，意思是要把经院哲学中臆造出来的种种“实体”都剃掉，使人们转向面对自然经验的研究。罗吉尔·培根则提出，亚里士多德是古代的权威，至于他的思想是否正确，还应该由实际的观察来加以检验。他还认为抽象思维必须根据经验，研究自然现象要依靠实验和数学。

他们的这些思想很自然地强调个人的感觉经验，反对神学教条，这标志着教会内部反对神学的感觉经验论思想已在萌芽。从表面上看，在上述时间内人们提出的具体心理学思想不多，但是在关于心理是什么的问题上比以前更深入了，它从过去只是在本体论上一般地争论心理是物质的还是精神的，深入到在认识论上心理是经验的还是先验的问题。虽然，这时候提出的问题还不明确，但以后经过文艺复兴的酝酿，到了 16—17 世纪问题就十分明显了。

第二节

文艺复兴时期：感觉经验心理学思想

14 世纪至 16 世纪是欧洲资本主义经营方式在封建社会内部逐渐萌芽的时期，而文艺复兴运动，实质上是新生的资本主义意识形态向封建势力作斗争。它的主要特点是反教会、反宗教奴役，提倡人文主义和研究自然科学，重视个人和感觉经验。哥白尼（Copernicus, 1473—1543），开普勒（Kepler, 1571—1630），伽利略（Galilei, 1564—1642），布鲁诺（Bruno, 1548—1600）等都是当时的杰出人物。当时的人们在研究科学和从事艺术的过程中提出了一些心理学的知识。其中达 · 芬奇、特勒肖 (Telesio)、斐微斯 (Vives) 等不可不提。

达 · 芬奇，意大利人，是个多方面的天才，重视科学研究的方法，推崇数学推理。他认为凡和数学无联系，用不上数学的学科都靠不住。

在心理学思想上，达·芬奇强调感觉的作用，认为一切认识从感觉开始，没有感觉就没有思维，没有认识活动。但感官不是镜子，镜子没有主观的感觉，也不能保留印象。

达·芬奇是现实主义的画家，在远近知觉研究上做出了贡献。他确定影响远近知觉的五个因素：

1. **线条透视**：物体越远，视角越小。
2. **节目透视**：物体越远，细节越模糊。
3. **空气透视**：山越远越蓝，是由于空气和烟雾的影响。
4. **移动透视**：注视近物而头动则该物与头同方向移动；注视远物而头动则远物与头反方向移动。
5. **双眼视差**：左右眼对同一物所见不完全相同。

特勒肖（1508—1588），意大利人，是达·芬奇之后最卓越的哲学家和自然科学家。他提出“物质”这一概念并为意大利的自然科学奠定了基础。

特勒肖认为客观世界是物质的，物质长存，不可创造，也不能消灭，其总量不变，也没有种类和性质的差别，物质由于热和冷的互相冲突引起运动。但是他有泛灵论的思想，认为自然界的一切都具有灵性，意识是物质本来就有的。他的推论是，如果物质本无意识，那么，意识就是无中生有的了。这反映了他思想上的形而上学，缺乏发展观。

特勒肖把灵魂分为物质的和非物质的两种。物质的灵魂集中于脑的精气（或称动物精神，亦即亚里士多德的“隐德来希”）。精气由脑通过中空的神经分布于全身，支配身体动作。非物质的灵魂不死，它是上帝赋予的。但是，一切心理作用属于物质的灵魂。这样一来，就可以不管非物质的灵魂而专门研究物质的灵魂。特勒肖的这些思想光辉，在笛卡儿那里发挥了巨大作用。

从上述思想出发，他不承认有非物质的理性存在，认为从感觉到理性都是物质过程。特勒肖的这种思想在 18 世纪法国唯物主义者的思想中还会见到。

斐微斯（1492—1540），西班牙人，认为不必研究灵魂的实质，主张直接研究经验中的心理现象，是最早明确提出研究经验的人。从此开始，关于心理学研究的对象问题有了转变，即从研究灵魂官能转变为研究经验。与此同时，西欧社会也进入近代史阶段。

斐微斯认为，一切知识都从感觉开始，从感觉到想象，从想象到理性是人的认识道路。理性是人独有的、认识的最高阶段。

在记忆和联想方面，斐微斯提出了和亚里士多德相似的观点并有所发展，认为无意识得到的印象，过后也可能被联想起来。

斐微斯还描述过各种情感，和亚里士多德那样注意到各种心理活动之间的相互作用，并最早注意到人们在发怒时表现出来的个体差异。他发现，有的人发怒快，息怒也快；有的人发怒慢，但怒气持久，不易平息。

此外，斐微斯对精神病患者抱有同情，表示要温和地对待病人。但由于人们把精神病患者看作魔鬼附体，像对待异教徒一样对待病人，他的意见并未得到重视。

本章小结

第一，随着神学系统化，心理学也开始出现了比较系统的意见，这就是欧洲心理学史上第一次出现灵魂的官能心理学思想。这种官能心理学思想虽然极其简陋，但关于心理学的对象、身心关系、研究方法和心理分类等问题都有明确的意见。以后我们还会见到，这是哲学心理学发展的一条规律：起先，某些思想家和科学工作者按一定事实形成某些基本观点，然后根据这些观点搜集有关的材料充实思想内容，逐渐形成一种见解或者哲学体系。与此同时，在哲学中的心理学思想也随之得到发展。到了一定时期，心理学也形成自己的思想体系。这种比较松散和简陋的思想体系虽然包含在哲学内部，但和哲学的某些方面已有所区别。随后伴着历史的继续发展，原来的哲学体系可能被淘汰，而已形成的心理学思想及其知识可能依附在后起的哲学体系内继续存在和发展。官能心理学产生于教父学，后来教父学被经院哲学取代，而官能心理学依然存在，并在经院哲学中得到发展，就是一个实例。

第二，旧事物的消亡是逐渐的，新事物的成长也是渐进的，本章末尾提到的感觉经验心理学思想，实际上在中世纪末期唯名论和唯实论关于一般和个别谁最真实的争论中已经出现。但是，只有到了文艺复兴时期，即资本主义萌芽时期，感觉经验心理学才逐渐明朗地以一种新的思想形式表现出来。它表明新的心理学思想在适宜的历史条件下有了一定量的积累。然而，当时处于哲学内部的心理学思想，它和作为社会意识形态的哲学一样，只有社会的生产方式和科学成就发展到一个新的历史阶段，才能相应地发生质的变化。所以，只有到了近代资本主义的生产方式开始占主导地位，而自然科学也有新的进展时，哲学心理学中的感觉经验心理学思想才有一次大的发展。到这时候，从历史分期来看，欧洲心理学史已开始跨入第二阶段，因而我们也转到第二篇，即近代欧洲的心理学思想。

CHAPTER 2
第二篇

Psychology in Early Modern Europe
Empirical psychology of consciousness

近代欧洲
意 识 的 经 验 心 理 学

1 6 世 纪 末 至 1 9 世 纪 中 叶

继文艺复兴之后，欧洲社会进入资本主义历史阶段。19 世纪 30 年代，英国出现的第一次资本主义经济危机和 1848 年发表的《共产党宣言》标志着又一历史新时期的开始。在这 200 多年内，由于社会变革带来工业和自然科学发展，欧洲哲学心理学也进入历史新阶段。它的特点是：

1．哲学心理学从古代讨论万物本原是什么的本体论问题，转变到讨论知识经验是怎样产生的认识论问题。这方面的问题经过长期讨论和研究，促使近代欧洲心理学从哲学中分离出意识经验的联想心理学、知觉—统觉学说以及关于感知觉的生理心理学思想。正是这些思想为心理学脱离哲学母体成为独立的科学作了知识积累和理论概括上的准备。

2．这些思想理论是在经验论和唯理论的论战中发展起来的。经过 17 世纪和 18 世纪欧洲哲学界形成了三种传统思想，即笛卡儿、拉梅特利、卡巴尼斯等法国传统的生理心理学，洛克、哈德莱、穆勒父子等英国传统的联想主义心理学，莱布尼茨、康德、赫尔巴特等德国传统的知觉—统觉学说。这三种思想是在长期的思想交流和互相渗透中发展起来的，同时也保持着各自独立的思想观念，它们交织成近代欧洲哲学心理学思想错综复杂的进程和图景。

爱尔维修

人和动物的区别在于人能制造工具，接触范围广阔，因而感性印象比动物多得多。人又有语言能概括事物的感性印象成为概念，有文化世代相传。

贝克莱

存在就是被感知。构成大宇宙的一切物体，在心灵以外都没有任何存在；他们的存在就是被感知或被知道。

贝因

身体是一个自我封闭的物质系统，它按照能量守恒定律自行运动，和心灵不发生因果关系，它们是平行的。

布朗

心理是一种主动作用，有一种黏合力。由暗示引起复杂的心理状态，和构成它的成分有不同的性质。

达尔文

人类心理由动物心理进化而来，心理能力的发展是和有机体的头脑发展相适应逐渐进化的。人类和动物的精神差别，在于人类有语言能力、思维能力和数学推理能力等。

狄德罗

世界由物质元素构成，世界的多样性就是物质力量转化的结果。从无机物到有机物，从有感觉的生物到有思维的生物，都是物质力量转化造成的。

笛卡儿

严格地说，我只是一个在思想的东西，也就是说，我只是一个心灵或灵魂，一个理智或一种理性的实体。

高尔顿

天才是遗传的。遗传力量超过环境的影响，除非有优越的天赋，即使一个人生长在最好的环境里，又肯努力奋斗，也不能成为名人。

哈特莱

心理上有什么活动，神经生理上也就有相应的波动，而人体的神经生理活动则按物质活动的法则进行。

赫尔巴特

许多和谐的观念能联合成为一个强而有力的“统觉团”，它吸收和谐的材料，拒绝不和谐的材料。这样的统觉团越丰富、越系统就越能吸收新的观念。

霍布斯

心理现象是脑物质的细微运动。观念是由感觉形成的，是感觉影像相加减的总和。

霍尔巴哈

脑是心理的器官，是散布于全身的神经的中心。外界事物作用于感官，通过振动在脑中产生感觉。

卡巴尼斯

感觉和意识是脑的功能，神经系统有高低级之分：脊髓是低级的，只有反射作用，是无意识的；最高层是脑，管理思想和意志，是有意识的。

康德

人心是物自体，是不能认识的，心理学只能研究心的现象。

孔狄亚克

心灵有自己发展的能力，知识是由感觉引起的观念形成的。一切心理过程都是由感觉转化来的。

莱布尼茨

心灵是一种单子，按其自身的内部规律活动，不受外界的任何影响，“没有可供外物出入的窗户”。

李德

物质、灵魂和因果关系都是客观存在；灵魂具有各种能力，也包括理性能力，正像身体有各种活动一样，灵魂也参加每一活动。

陆宰

外界的刺激虽然有空间关系，但人直接得到的是特殊感觉，不是空间形式。我们的皮肤上或眼睛里，无论哪一个点的感觉都有它自己的特殊性质。

洛克

假定心灵像我们所说的那样，是一张白纸，上面没有任何记号、没有任何观念。那么心灵是怎样得到观念的呢？我用一句话来答复这个问题：是经验得来的。

马尔伯朗士

灵魂对肉体作用，或者肉体对灵魂作用，都只是“适逢其会”，是偶然的。

尼采

一个充实的、雄厚的、伟大的、完全的人，要胜过无数残缺不全、鸡毛蒜皮的人，少数“超人”应该统治和奴役“群氓”，高贵的民族有统治其他种族的历史使命。

培根

经验主义者好比蚂蚁，理性主义者就像蜘蛛，它们在研究方法上各有缺陷。蚂蚁只会采集，蜘蛛只能吐丝，而研究科学要像蜜蜂一样，既能广采花粉，又能加工酿蜜。

叔本华

控制自然现象的现实的力是一种非理性的力，在人身上以本能的力量形式起作用，本能是非理性的内驱力，它不关心个人的生存，而仅仅关心族种。

斯宾诺莎

上帝、神就是自然；自然的存在就是运动，它是主动的、无限的，世界万物是这个无限的自然的种种样态，即具体事物。

斯宾塞

不论天体、动植物和人类社会制度，都按两条原理即分化和整合发展着；任何事物起先曾是简单、一致、同质的，然后才开始分化。

沃尔夫

心灵是一种实在的能动的力，它有种种不同的官能。单子有心灵单子和物质单子，两者均按预定的和谐完全平行地活动，速度也始终相等，但没有因果关系。

休谟

我只知道我的感知，至于是否有事物存在则令人怀疑，那是无法知道的。

约翰·穆勒

有些观念的联合如同氢和氧化合成水一样，具有新的性质，这种性质无论在氢或氧中都是没有的，它是由氢和氧的化合物形成的新品质。

詹姆斯·穆勒

感觉是最简单的心理元素，感觉衍生出观念，感觉和观念由于联想作用形成一切复杂的心理现象。

SECTION 3 第三章

16th-17th: Early Mechanical Materialism
16—17 世纪：早期的机械唯物论

西欧资产阶级的早期革命，首先在荷兰（16 世纪 60 年代），而后在英国（17 世纪 40 年代）爆发。当时荷兰和英国是欧洲最先进的国家。法国还处在君主专制时期。德国则仍处在近 300 个封建王国割据分裂的局面。但就总趋势看，欧洲各主要国家的资产阶级革命势头已开始形成，他们在各国的政治经济和哲学思想上提出了自己的要求和主张，并取得相当的成就。

在科学研究上，自然科学的成就为哲学唯物论提供了理论依据，使它比古代的朴素唯物论有进步，这就是西欧资产阶级上升时期的机械唯物论。

机械唯物论崇尚对事物进行分析研究，这是一大进步。但在研究过程中割断部分和整体之间的联系，表现出思想方法上的机械性和形而上学。机械唯物论和宗教神学是对立的，它在反对经院哲学上发挥了巨大作用。然而，当时教会势力还相当强大，致使资产阶级的代表人物在思想上有不同程度的妥协性和神学、唯心论色彩。

第一节

我思故我在：笛卡儿的二元论

笛卡儿（Decartes, 1596—1650）生活在法国君主制时期。1604—1612 年，笛卡儿在耶稣教会学校学习，喜欢人文主义和数学，反对教会的教条和权威。1617—1619 年，他在军队服役，之后变卖了世袭的贵族领地，周游欧洲各国达九年之久。从 1629 年开始，他侨居荷兰长达 20 年。他的一些重要著作就是在这样的情况下写成的。其中和心理学有关的重要著作有：《方法谈》（1637），《形而上学的沉思》（1641）和《论灵魂的热情》（1650）。

一、笛卡儿

笛卡儿是著名的自然科学家，除在数学上有发明创造外，还发现了光的折射律。他还是一位优秀的解剖学者，提倡动物活体解剖，研究过各种器官的构造和胎儿发育各阶段的结构，发现了随意运动和不随意运动的区别，等等。笛卡儿通过这些科学实践把力学机械观和数学演绎推理作为哲学方法论的依据。同时他又遵循文艺复兴以来人们的认识，把认识论提到方法论的首要地位。他是个唯理论者，信奉二重真理，坚持理性思维的可靠性。笛卡儿通过理性怀疑推导出心物二元论观点，在欧洲心理学思想史上成为从讨论本体论转向讨论认识论的重要过渡人物。笛卡儿的心理学思想如下：

■ **唯理论的内省主义**

笛卡儿相信理性思维是衡量真理的尺度，理性内省直觉到明白、清晰的观念就是真理。理性是人生来固有的能力，人人“天然地均等”。只因儿童期的欲望或受教师影响接受了虚伪的东西，因此，必须对这一切持怀疑和审查态度，以求得到明白、清晰的观念。经过怀疑审查后，他发现有一个东西是不能怀疑的，这就是“我在怀疑”。怀疑就是思想。“我思，故我在。”这是他通过怀疑得到的第一条原则。他说：“严格地说，我只是一个在思想的东西，也就是说，我只是一个心灵或灵魂，一个理智或一种理性的实体。”在这里，似乎同奥古斯丁通过怀疑，内省到灵魂的存在是一致的。其实，奥古斯丁是从柏拉图的理念出发，即从本体论上先承认理念或上帝的存在。笛卡儿则不然，他是利用二重真理通过认识论的理性内省才确定灵魂或自我的存在的。

■ **心、物独立存在的二元论**

笛卡儿得到自我以后认为，我所思想的东西并不一定完满，最完满的只是上帝。上帝本质上是万能的，这个观念十分明白、清晰。这是他得到的第二条原则。我有了上帝的观念，使我直观到物质这个观念也是明白、清晰地存在的。就这样，他通过内省得到了我、上帝和物质三种实体的观念。笛卡儿还认为自我或心灵是无形体，是不占空间、无广延性的实体，但能思维；物质有广延性、占空间而不能思维。因此，自我或心灵和物质是两种独立存在的实体。

笛卡儿还进一步认为，上帝给予一切，如数学公理、逻辑学的矛盾律和存在等观念都是人生来固有的。他把这些生来固有、不证自明、不学自会的明白、清晰的观念都叫作“天赋观念”(即由柏拉图的客观唯心论的理念变成笛卡儿主观唯心论的天赋观念)。后来洛克批判了天赋观念，莱布尼茨又批判了洛克，欧洲的心理学史遂正式开始进入以认识论为中心的意识经验心理学主流阶段。

■ **身心交感论**

根据内省来的二元论，物质的身体和思维的自我或灵魂怎样发生关系呢？笛卡儿提出以下四种思想来解决：

1. **反射思想**。笛卡儿把动物和人的身体看作一架自动机，它按机械力学原理运动。他说：“在没有我们的意志参与时，我们的一切动作——例如我们呼吸、走路、吃东西以及一切和动物相同的机能，仅仅是取决于我们的四肢构造，取决于心的热力所引起的‘动物精神’，(‘动物精神’原译文为‘精神’，有误，故改。)，在大脑、神经和筋肉中所遵循的方向，正如钟表的行程仅仅取决于表弦的弹性和齿轮的形式一样。”(《笛卡儿哲学选集》)这是历史上通常说的，笛卡儿第一次提出的反射思想。
2. **身心交感作用**。笛卡儿认为，取决于心的热力所引起的动物精神，在中空的神经管内来回转动，当它流到大脑的松果体时，灵魂就在这里和身体动作发生交感作用。他说：“血液中最灵活、最迅速的粒子沿着径直通向心脏的动脉流入脑子之后，便形成了一种好像非常稀薄的气或者一种被称为‘动物精神’的风。这些‘动物精神’扩大了脑子，并给脑子创造了条件去接收来自外界对象以及来自心灵的印象，换句话说，‘动物精神’使脑子成为一般感觉的器官或容器，成为想象和记忆的器官或容器。”（引自敦尼克等主编《哲学史》第1卷）在笛卡儿看来，灵魂是单一的整体，只能在身体的单一器官中和外来影响发生交感作用。松果腺就是脑中唯一的单一器官，所以灵魂只能在这里和来自各器官的感觉印象发生交互作用。

3. **身心搅混论。**灵魂怎样知觉到身体及其内部的感觉如饥饿、渴和疼痛呢？笛卡儿认为，灵魂或自我不但在松果腺和身体的动作发生交感，还和整个身体“紧密地联结在一起，高度地混搅在一起，因而我与它组成了一个单一的整体”。因为要不是这样，我的身体受伤，需要喝水和吃东西，就只能靠思想去认识，而不是感觉到的。可是事实上这些饥、渴、痛等感觉都只不过是一些混杂的思想方式，是因为心灵与形体的联合和混合而产生的，这就是笛卡儿的身心搅混论。它是交感论的衍生物。

为了说明这个理论，笛卡儿还把神经比作一条绳子。假定绳子上有A、B、C、D各点，只要拉动其中的一点，其他各点也会活动起来。他说：“同样情形，当我觉得脚上痛的时候，物理学告诉我，这个感觉是通过分布在脚上的神经传来的，这些神经就像绳子一样，从脚上一直通到脑子里，当它们在脚上被牵动的时候，也同时带动了脑子里神经归总的地方，并在那里激起一种运动，自然规定了这种运动使心灵产生疼痛的感觉，就好像疼痛是在脚上似的。”他还说：“我们的感官的其他各种知觉，应当说情形也是这样。”

4. **灵魂的思想方式——感知觉和想象**。除了感知觉外，笛卡儿把想象也看作心灵的一种思想方式。他说，和理性相比，我可以直观地想象到三角形的三条边，但不能想象到千边形的一千条边，后者只有理性才能理解或理会。他说：想象，这种思想方式和理解的区别，只是心灵在理解时“以某种方式转向自身，考察它自身之内的某一个观念；而在想象时则转向形体，考察形体中与观念相合的某个东西，这个东西是它自己造成的，或者是它凭借感官接收来的”。例如，广延、形象、运动、坚硬、温度、颜色、气味、滋味和声音等观念都是由感官接收来的。笛卡儿认为，从心灵的这些思想方式产生的观念和由我的理性思维产生的观念完全不同。前者的观念不必我同意就能经验到，相反即使我有感觉它们的愿望，但如没有对象呈现给我的感官，我也根本不能感觉到它。而且，通过感官感觉到的这些观念比我沉思时的观念要生动、明晰得多，甚至在方式上也清楚得多（引自《笛卡儿哲学选集》）。这样，在理性思维之外，笛卡儿通过身心搅混论提出了另一类思想方式即感知觉和想象，它们的对象是外界物体，它们得到的是形体观念，是不随意的（即无意识的对象性心理动作）。

不过，笛卡儿毕竟是唯理论者，他虽承认形体观念来自感官，却用一些错觉现象怀疑感性经验的可靠性。他说：“因为我曾经多次观察到，塔远看像是圆的，近看却是方的，竖在这些塔顶上的巨像在底下看却像是些小雕像。”（引自《笛卡儿哲学选集》）他还指出，在无数其他场合，都发现感觉的判断是有错误的。因而，他又回到原来的立场，认为只有通过理性思维才能确定这些观念。

■ 关于情绪

在《论灵魂的热情》中，笛卡儿把情绪分为灵魂的作用和身体对灵魂的影响两类来源。前者如对理智的喜悦和上帝的热爱。后者如对外物的爱憎。他又把情绪分为六种：惊奇、爱、憎、欲望、哀和乐，并指出每种情绪都由一定的对象引起。例如惊奇由新鲜事物引起，爱的对象是适意的客体，憎由有害的客体引起等。其他复杂情绪只是这些基本情绪的不同组合和表现。他还研究过表情动作，发现快乐时人的脸色有光泽，忧伤时面色苍白，等等。

笛卡儿特别注意心脏活动和血液循环对情绪的影响，这在当时来说，是有先进意义的，对后世也有一定的影响。之后在詹姆斯（James）等人的情绪学说里会见到。

总之，笛卡儿的唯理论和二元论是一种唯心论。然而，他的机械力学思想对心理学发展有很大影响，在积极方面，他提出反射思想和情绪与内脏血液循环的关系，为研究心理现象的物质基础提供了科学的假设和事实，为唯物主义心理学思想在法国奠定了传统的思想基础；在消极影响方面，他的身心二元交感论和由此派生的思想方式，即感知觉和想象的形体观念论，将原本统一的心理现象分割成两半：一半是感知觉与想象等和身体相关，可以通过感官和外物发生关系；另一半属于纯粹理智只能内省。历史上通常认为，这种把感性认识和理性认识相分离，把主体和客体相割裂的思想，一直影响到 19 世纪的冯特和现代的西方心理学，冯特的心理学体系就是建立在把高低级的心理过程割裂开的基础上的。关于这些情况，今后会分别讲到。

笛卡儿的二元论心理学思想，后来得到两方面的继承和发展，在唯心论方面有法国的马尔伯朗士 (Malebranche)；在唯物论方面，有荷兰的斯宾诺莎和 18 世纪的法国唯物主义者，他们继承和发展了笛卡儿机械唯物论思想。

二、马尔伯朗士

马尔伯朗士（1638—1715）也是个唯心论者，但他不同意笛卡儿的身心交感论，认为灵魂和肉体这两个实体彼此独立不能互相作用；灵魂对肉体作用，或者肉体对灵魂作用，都只是“适逢其会”，是偶然的。不过，他同意笛卡儿把感觉、想象和情绪看作心灵的思想方式的观点。

马尔伯朗士根据他的“逢会说”，提出“复合感觉”概念，认为人对于物体的远近和大小的感知觉，是基于过去的经验与当前的感觉“适逢其会”的结合，是意识不到、立即产生的。他把这种“复合感觉”，又称为“自然的判断”，用来和理性的判断区别开。马尔伯朗士还提到知觉的相对性。例如他指出，人在欢乐时觉得时间短，苦恼时觉得时间长；对物体大小的知觉，因知觉者本身的大小，以及当时周围物体的大小而变化。然而，马尔伯朗士把所有这些都归之于逢会说，并且在以后贝克莱 (Berkeley) 的思想中有所反映。

三、斯宾诺莎

斯宾诺莎（Spinoza, 1632—1677），荷兰人，他继承发展了笛卡儿唯物主义方面的思想，形成了唯物论的唯理论和二元论。他最著名的理论就是“自然神论”。这种理论认为上帝、神就是自然；自然的存在就是运动，它是主动的、无限的，世界万物是这个无限的自然的种种样态，即具体事物。

首先，在心理学思想上，斯宾诺莎认为心灵和肉体只是一种自然物的两个方面、两种属性，它们互相平行，其中之一变化，另一种也一起变化。这是一种唯物论的身心平行论。

其次，在情绪心理上，他也接受了笛卡儿的见解，认为情绪、感觉、想象和形体有关，是被动的。它们和主动的理性心灵有区别。他认为，被动的情绪引起身体的欲求，有时是无意识的，只要理性的心灵明白、清晰地形成观念，有些欲求也就自然消失。虽然，肉体的欲求是无限的，但是，可以用最高的道德标准，如爱、仁等观念来克制它，使它自行消失。

第二节

大不列颠的妥协者：培根、霍布斯以及洛克

1640—1660 年，英国资产阶级爆发了马克思认为“是欧洲范围的革命”。但是，革命同盟中新贵族势力具有保守性，而

英国资产阶级又有怕人民的软弱性特点，造成1688年所谓的“光荣革命”，它以资产阶级和贵族势力妥协建立起君主立宪政体而告终。17世纪英国资产阶级革命的妥协性和它的唯物主义思想传统，是通过弗兰西斯·培根、霍布斯(Hobbes)和洛克(Locke)的哲学思想表现出来的。

一、培根

弗兰西斯·培根（1561—1626)，英国唯物主义的开山鼻祖。

培根对心理学的影响主要是在研究方法上。他的《新工具》(1620)提倡实验和归纳法，他反对经院哲学，批评唯理论，提出服从自然，命令自然和知识就是力量的口号，在寻求哲学和科学的新方法(工具)上做出了特殊贡献。培根把经验主义者比作蚂蚁，理性主义者比作蜘蛛，它们在研究方法上各有缺陷。蚂蚁只会采集，蜘蛛只能吐丝，而研究科学要像蜜蜂一样，既能广采花粉，又能加工酿蜜。他指出科学应该选择“严肃地直接从感觉出发，通过循序渐进和很好地建立起来的实验进程，努力为人的理智开辟和建筑一条道路”(引自《十六—十八世纪西欧各国哲学》)。培根就是以这样一些研究方法的言论和著作影响英国的科学、哲学和心理学的。

二、霍布斯

霍布斯（1588—1679）是继培根之后一个彻底的机械唯物主义者。

在哲学思想上，霍布斯贯彻了力学原理和数学方法，把世界看作由许多具体物体形成的。物体就是运动，运动就是位移。物体的特性是广延和形状，它们只有数量的区别，没有性质的差异。他的心理学思想也是按这些基本观点来阐述的。他的《利维坦》(1551)和《论人性》(1657)是和心理学有关的主要著作。

在心理学上，霍布斯认为心理现象是脑物质的细微运动，笛卡儿把灵魂或心灵说成“非物质的实体”，这个概念本身就是矛盾的。他比培根的思想进步，放弃了二重真理中有两种灵魂的思想。霍布斯也不同意有“天赋观念”，认为笛卡儿把明白、清晰作为天赋观念存在的标准是不正确的。他重视感觉经验，认为一切知识应由感觉开始，然后用几何学的原理和方法，一步一步地推导出全部心理现象和全部知识。

霍布斯把感觉看作一种影像，是“由感觉器官向外的反应及努力所造成，为继续存在或多或少一段时间的对象的一种向内的努力所引起”。他在解释感觉定义时说道：作用于感官的外物的运动引起感官的运动，感官神经一步一步地将运动传到脑，脑中引起运动就产生感觉；脑的运动又从神经传到外边，人就感觉到物体在外界。可见，霍布斯已放弃了动物精神流动的旧说而代之以机械运动产生感觉的思想，这是一种进步。不过，他认为对物体的这样一些感知觉，只是物体运动的组合，是一种幻影。这样，人们就认为霍布斯的思想具有不可知论的成分。其实，他和我们即将讲到的洛克一样，是由于对知觉过程中主客观相互作用不理解而做出的错误结论。关于这方面的分析在评述洛克的思想时再说。

霍布斯认为观念是由感觉形成的，不过他把观念看作感觉影像相加减的总和。例如，人的观念是“物体—活的—理性的”组合成的名称或符号。推理是心灵的加与减的活动。这一切都表明霍布斯思想中的机械性。

他还把想象看作感觉的残余运动，认为梦境不连贯，是由于做梦时脑的每一部分不是同样地恢复运动之故。这个解释得到了现代生理心理学的证实。

霍布斯认为，记忆是感觉后的运动残余的痕迹，许多事物的记忆就是经验，人靠语言符号把记忆经验保存下来。他把经验的概念作为符号，乃是中世纪末唯名论思想的残余影响，和他关于感知觉不可靠的思想密切联系在一起。

霍布斯把记忆联想看作在时间上紧接着的两种感觉运动残余的继续和恢复，认为联想有两种：一种是无指导、无计划、不恒久的，其实这指的是自由联想；另一种是有节制、有目的的联想。

在情感问题上，霍布斯和笛卡儿一样，注意到内脏活动，但他比笛卡儿进步，还注意到情感和脑活动的联系。他认为，感知觉时脑的运动传到心脏，心脏引起的运动就是情感。这实际上是把情感看作对体内运动的体验。霍布斯把痛苦和快乐作为情感的两个基本要素，由它们构成了一切复杂的情感。他又把情感和意志联系起来，把意志也说成是由以前的运动决定的，这是为了反对自由意志而提出来的思想。可见，霍布斯的哲学心理学思想表现出他是一个彻底的机械唯物主义者。

三、洛克白板说

洛克（1632—1704）出生于乡村律师家庭。父亲是个清教徒，曾参加过国会派反对王党的革命活动。洛克1652年进入牛津大学，1656年取得学士学位，1658年取得硕士学位。后来，洛克学医，但未毕业，于1666年放弃医学。1667年他结识了自由主义政治家莎甫茨伯利伯爵。1684年复辟的斯图亚特王朝怀疑莎甫茨伯利伯爵搞政治阴谋活动，洛克受到牵连，他们一起逃亡到荷兰。1688年“光荣革命”后，他们于1689年回到英国，洛克也在君主立宪的新政府中担任要职。

洛克思想的主要方面是发展了培根和霍布斯的经验论的认识论。1690年洛克发表《人类理解论》，讨论人类知识起源和限度时涉及认识论中一系列和心理学有关的问题，这部著作成了欧洲心理学史发展到一个新时期的标志。

洛克的感觉经验心理学思想可以从以下一段话中得到一个概貌。他说：“那么我们就假定心灵像我们所说的那样，是一张白纸，上面没有任何记号、没有任何观念。心灵是怎样得到那些观念的呢？它从哪里获得由人的忙碌而不受约束的幻想以几乎无限多的花样描画在它上面的那许多东西呢？它从哪里得到理性和知识的全部材料的呢？我用一句话来答复这个问题：是经验得来的。”（引自《十六—十八世纪西欧各国哲学》）

洛克在《人类理解论》中，首先批判了笛卡儿的天赋观念，然后阐述他的心灵白板论和知识起源论等感觉经验论观点。

■ 反对天赋观念——一切知识都来源于经验

洛克用一切知识来自经验的观点，逐条批驳了笛卡儿的天赋观念论。洛克说，上帝这个观念，有人说是人人天生固有、不学自会的。其实，有些部落的人就没有上帝的观念。有人说，善与恶的判断，也是良心固有的，其实是小时候教育感化的结果。这是一种先入之见，是人云亦云的东西，如果说，由于理性认识而明白的数学公理是天赋观念，那么由这些公理推论出来的定理、法则也就都是天赋观念了。

洛克认为，一切观念，甚至像上帝、数学公理等是成人在不知道的时候学会的，并不是真正天赋固有的。他说："从我们获得知识的途径看来，足以证明知识不是天赋的。"（引自《十六—十八世纪西欧各国哲学》）

■ 心灵白板论和知识观念起源的感觉经验论

洛克认为，人的心灵最初好像一张白纸或一块白板，没有任何观念。那些无限多的美妙图画和全部知识观念都来自经验，是后天获得的。他认为知识观念的来源有两方面：

1. **外部感觉或外部经验**。这类经验的来源是外界事物作用于感官产生的感觉，他叫外部感觉，如色、香、味、广袤、形状和数目等。
2. **反省或内部感觉**。这类经验的来源是心理活动本身，如感觉、记忆、思维、意志和欲望等。

洛克认为，观念的这两个来源是彼此独立的，它们产生的都是简单观念。简单观念是被动地产生，心灵不能改变它，也不能增多和消灭它。它们是一切复杂观念的材料和源泉。

洛克还把观念分为两大类：

1. **简单观念**。这是一种最单纯、明晰、不可再分的观念。简单观念来自四种途径：①来自外部的单个感官，如色、香、味、声通过眼、鼻、舌和耳朵等单个感官产生。②来自外部的两个感官，如形状和运动等。③来自反省，如知觉、思维、意志等观念。④由反省和感觉同时作用产生，如快乐、痛苦。洛克说，几乎我们所有的观念，不论是感觉方面的或反省方面的，都混合着愉快或不快两者之一。不论是我们的感官从外界所接受的任何刺激，或是我们心中任何隐蔽的思想，几乎没有不能在我们心中引起一些快感或痛苦的。由此，洛克把古代以来提出的一切心理现象都包括在认识心理学中进行研究，并对心理活动只能通过反省认识做了理论上的阐述，这在欧洲心理学的发展史上还是第一次。

2. **复杂观念**。洛克认为，复杂观念是通过心灵对简单观念的混合、比较形成的。复杂观念有三种：①样态观念。如三角形、感激、谋害等，它们是实体的属性或附属物的观念复合。②实体观念。也是简单观念组合成的，可以代表独立存在的个别特殊事物的观念，如羊。③关系观念。这是把一个观念和其他观念并列在一起加以考虑和互相比较形成的。

洛克认为，有了观念并不意味着有知识，尤其是那些模糊的观念，并不一定能形成知识。他把知识分为：第一种，来自感知的直觉知识，它清晰，真实，是最可靠的；第二种，推理所得的知识，它是依靠直觉知识推理得来，这种知识有时不可靠。洛克的这种看法，和他反对天赋观念一致，坚持了唯物论的经验论观点。

■ **物体第一性质和第二性质的学说**

洛克的感觉理论，与霍布斯一样，以机械物理学的原子运动学说为依据。他认为感觉是由于外界物体运动作用于感官产生的，它形成物体的广袤、形状和数目、运动、静止等感觉观念，他把这些观念叫作物体原初的或第一性的质的观念。他认为，物体第一性质的感觉观念完全符合客观物体本身性质。

但是，洛克认为，物体运动对感官的作用是通过一种看不见的微粒子运动起作用的。物体的大小、形状、数目和运动是物体本身的反映，它们的观念是物体的肖像。可是，颜色、气味、滋味和声音，并不是物体本身的东西，“而是一些在我们心中产生各种感觉的能力”，是物体的第二性的质。第二性质的观念不是物体的肖像。这些观念是上帝把它们同一些并无相似之处的运动联系在一起，就像“上帝拿刀片割我们肉的运动与同它毫无相似之处的痛苦的观念联系在一起一样”。他还说，我们这样区分观念，就可以说明为什么同样的水在同一个时候，一只手产生冷的观念，另一只手产生热的观念。他说，这种情况在形状的观念方面是绝对办不到的。因为一件东西通过一只手，在我们心中产生了球形的观念，绝不会通过另一只手产生四方形的观念。但是，如果热和冷的感觉是外物粒子在我们身上引起粒子运动的增大或减小，就很容易弄明白。如果粒子运动在一只手上比另一只手大，那么一种东西接触两只手，如果它的粒子运动大于一只手中的粒子运动，而小于另一只手的粒子运动时，就会引起取决于运动的那种热和冷的不同感觉。

洛克的这些话是说色、香、味、冷和热等这类感觉所反映的观念，不符合客观事物本身的性质。它是物体第一性质在心中引起的一种能力，叫作第二性质。这类感觉观念是主观的，不真实的。这就造成了混乱。后来，18 世纪的贝克莱就利用了洛克的这个第二性质引申出主观唯心论。

造成洛克思想混乱的原因何在呢？是他的机械唯物论的直观性。洛克把心理反应看作像照镜子一样的直观反映，客观的作用在白纸上就像画画、写字，而白板的心灵是完全消极、被动的。这种观点缺乏心理反应是主观和客观相互作用形成的思想。羽毛触皮肤发痒，刀割肉感到痛，这个痒和痛正是主客观相互作用引起的感觉反应。这种反应既是主观的，也是客观的，因而反应的印象即痛和痒的感觉是真实的。洛克不理解这些，因而造成了思想混乱，并长期影响着心理学。

■ **理智活动在观念形成中的作用**

洛克认为，感觉和反省都是被动地引起简单观念，真正的心灵活动从知觉开始。知觉、记忆、辨别、比较、组合和抽象、命名等就是心灵的理智活动。他把其中的比较、组合和抽象看作理智的三大作用。在《人类理解论》中洛克对理智在简单观念形成中的作用做过一些分析：

1. **理智在知觉简单观念时有判断和理解作用。**在这里经验和习惯能加快知觉简单观念，但有时人心也会改变知觉过程。一个全神贯注于思考的人，对外界的刺激会充耳不闻。这种情况的发生是由于原来被动的知觉转变成主动的了。在洛克的著作里，经常将感觉和知觉混淆应用。有时，他认为知觉是由感觉引起的，是刺激引起判断形成知觉的。他说，这里有个转变过程，经验和习惯则促进这一过程的转变。例如，球体在网膜上的印象原本是个平面的圆形，只是由于习惯和经验，我们便立刻知觉或判断它是个球体。洛克还证明，这种知觉产生的原因是后天经验，绝不是天赋的。例如，天生盲人虽然能由触觉知觉球体，如果他复明，并不能立即用视觉来知觉球形及其他形状。洛克认为，视觉形状是视觉和触觉联合的结果。洛克的这些论述是正确的并为后来的实验证实。

2. **理智在反省中的主动作用。**虽然，洛克把感觉和反省看作观念来源的两个独立途径，而且都是被动的。但在具体解释理智对知觉的作用时，他却把反省说成主动的。洛克说，知觉是人心运用观念的第一种能力，因此，知觉这个观念是我们反省之后所得到的最初和最简单的一种观念。在适当时候，心开始对由它自己的感觉得来的观念加以反省，由此就积蓄有一套新的观念。这些观念被叫作反省的观念，如知觉、思维、意志等。在此洛克不但肯定了反省是主动的，而且认为反省得到的观念如知觉、思维和意志也不是简单观念，是复杂观念。反省更不是和感觉并列的观念来源的独立途径，而是在感觉之后，以感觉观念为基础的一种主动的心理活动。

■ 关于“观念的联合”或联想

在欧洲心理学史上，洛克是第一个提出“联想”概念的人。在《人类理解论》的第四版中，洛克增加了“观念的联合”一章，即第二卷第三十三章。其中写道：

“观念的这种强烈集合，并非源于自然，它或者由人心自动所造成的，或者由偶然所造成的。因此，按各人的倾向、教育和兴趣等不同，每人的观念联合是很不同的……一位音乐家习惯了某一曲调，只要那个曲调在他的头脑中一开始，曲调的几个音就立刻依次在他的悟性中跟着出现，而且出现时不需要任何关心或注意。这个正如他在身体方面一样，因为他在风琴键盘上开始弹一个调子时，他的十指也可按次进行……这种说法，就能稍帮助我们联想智慧的习惯和观念的联络。”（洛克著《人类理解论》）在这一章里，洛克列举了许多事例做解释：如果一个人有一次吃了过多的蜜食，那么他对这类蜜食会感到讨厌。一个动过手术的人，由于接受手术时的痛苦，他虽然感谢医生给他治了病，但总不愿意再次见到医生。他还说道，假如大人告诉孩子黑暗处有鬼，那么这小孩遇到黑暗就会怕有鬼。因此他劝告父母要防止给小孩得到不好的联想经验。可见洛克不仅提出联想概念，而且注意到它的生活意义并应用在教育上了。由于洛克扩大了联想概念，把一切复杂观念的形成都归结为联想作用，人们认为洛克是这种联想主义心理学的先驱。

总之，洛克是近代欧洲心理学史上的关键人物之一。他的感觉经验心理学思想，使欧洲心理学真正从讨论灵魂，转向讨论经验；他的联想概念也是以后联想主义心理学思想的核心概念。所以，他的《人类理解论》这部著作可作为欧洲心理学史发展到第二个阶段——意识经验—联想心理学的标志。这是洛克心理学思想的积极方面。洛克思想的消极方面，就是混淆了对感知觉过程中的主客观条件及其相互作用的理解。关于这一些将在本章小结中讨论。

第三节

普鲁士的“万能大师”：莱布尼茨

莱布尼茨 (Leibniz) 是近代德国唯心主义

哲学和心理学的开山鼻祖。他的父亲是莱比锡大学的教授，他也在该大学学习过。他和洛克以及斯宾诺莎都有交往。莱布尼茨曾应聘去俄国，当过彼得大帝的顾问，为俄国创办科学院。回国以后，他创办了柏林科学院，任第一任院长。莱布尼茨精通哲学和科学，极力提倡工业技术的革新，发明了微积分和计算机。在学术思想上，对德国各种唯心主义流派的思想影响都很大。

莱布尼茨推崇柏拉图，是个客观唯心论者，著有《单子论》(1714)和《人类理解新论》(1704)。后一本书是为了反驳洛克的《人类理解论》而写的。据说，莱布尼茨还未完成这本书的写作时，洛克已经逝世，因而这本书直到莱布尼茨死后50年，即1766年才出版问世。

莱布尼茨和笛卡儿一样，是个唯理论者。他承认有天赋观念，反对洛克的感觉经验论，认为可靠的普遍必然的知识是来自理性的知识。洛克说过："凡是存在于理智中的，无不已先存在于感觉中。"莱布尼茨则说：应该补充一句，"理智本身除外"。洛克把心灵比作白板，经验可以在上面任意涂画；莱布尼茨则把人心看作具有纹理的大理石，雕刻家只能根据大理石(心灵)原有纹理加工。

莱布尼茨把心灵看作一种单子，按其自身的内部规律活动，不受外界的任何影响，因为单子"没有可供外物出入的窗户"，它是由本身的原因推动着活动的单子自身连续地发展变化，它由低级变成高级。不同发展阶段的单子活动具有不同的观念，单子越高级，观念就越明晰。

莱布尼茨还反对笛卡儿的身心交感论，提出了他自己的“预定和谐”学说。根据这个学说各个单子是互不影响的，作为身心的单子之间没有因果关系，它们按各自的内部规律活动。例如，人在愤怒时摩拳擦掌，欢乐时喜笑颜开，表面看来，似乎身心的活动互相影响，实际上，这是身心两方面同时产生的活动。这种同时产生、同时进行的活动是上帝预先安排好的，正如两只构造同样精致的钟表，它们同时开动，总是走在同一时间，但都只按自己的内部规律运动着。他说：“灵魂遵守它自己的规律，形体也遵守它自己的规律，它们会合一致，是由于一切实体（即单子）之间的预定的和谐。”这就是莱布尼茨首先提出的身心平行论。这个“预定的和谐”的身心平行论观点，虽然神秘怪诞却影响深远。后来经过沃尔夫的修订（下面即将讲到），影响了不少人在身心关系问题的看法，可以说，是一种近代或现代的身心平行论的普遍形式。

莱布尼茨有时也承认感觉经验，承认事实的真理。但他认为，感觉只是对个别事物属性的反映，不能代表事物的普遍必然性。他说：“感觉对于我们的一切现实认识虽然是必要的，但是不足以向我们提供全部认识。因为感觉永远只能给我们提供一些例子，亦即特殊的或个别的真理。然而印证一个一般真理的全部例子，尽管数目很多，也不足以建立这个真理的普遍必然性，因为不能因此便说过去发生过的事情将来也会同样发生。”

莱布尼茨还提出了知觉—统觉学说和有无意识存在的思想。他认为单子有一种特性，叫作觉性和知觉。这种有觉性的单子，因其等级不同，表现出观念明晰的程度有所不同，因而他把它们分为微觉、大觉和统觉。人的观念比微生物、植物和动物的观念明白、清晰，就因为人的单子等级高。人的最明白的观念是统觉观念，它是真的、自觉的观念，而模糊的观念是靠不住的。明白的观念能促进动作的趋向，对于活动也更有力。这样，莱布尼茨已把观念的明白性和单子的主动性联系起来，认为主动性越大，观念就越明白。统觉极明白是由于主动性大。所以他认为统觉含有自我意识。相反，那些明白性等于零或者极小的微觉，几乎不能被意识到，这就是无意识的。他认为，这种无意识的微觉在人的个性和性格形成中起重要作用，因为不知不觉中形成的个人习惯对性格影响是很大的。在莱布尼茨看来，明白的意识是由这些微觉积聚起来的，犹如海浪击岸声大如雷，是由我们听不到的每滴水声积聚起来的。

由此可见，莱布尼茨和洛克的观点是全面对立的，不过，这次对立和古希腊时期德谟克利特和柏拉图的对立有所不同。古代是唯物论的原子论和唯心论的理念论即以讨论本体论为中心的对立。这一次是唯物论的经验论和唯心论的唯理论即以讨论认识论为中心的对立。虽然，讨论的问题还是那一些，如心理实质、身心关系、心理过程等，但是出发点不同，问题的提法和性质也改变并且加深了，这就推动了心理学的发展。至于造成莱布尼茨和洛克对立的原因是什么，在我们简介过沃尔夫的思想之后，在本章小结里一起说。

第四节

莱布尼茨的继承者：沃尔夫

沃尔夫（1679—1754）是莱布尼茨的继承人，也是个唯理论者。他主张宗教教条要符合理性。不过，沃尔夫加深了莱布尼茨“预定的和谐”中的目的论思想，认为一切事物的存在都是有目的的。生物为人类而存在。

沃尔夫出身于一个皮革匠手工业者家庭，年轻时认识了莱布尼茨。他学过数学、哲学和神学，受了经院哲学和基督教新教的影响，后来成为大学教授。1721 年，沃尔夫曾作过以“中国人的实践哲学”为题的演讲，他称赞孔子的道德哲学是没有宗教启示，只从理性建立起来的哲学体系。为此，沃尔夫被人们说成是无神论者和斯宾诺莎分子，为大学所在地的政府驱逐，直到 1760 年才回到原地。

沃尔夫是用“心理学”一词来命名自己著作的第一个人，著有《经验心理学》(1734) 和《理性心理学》(1754)。他原想用后一著作的理论去解释前一著作中的经验，但由于搜集的材料不多，在心理学上并无多大创见。

沃尔夫的工作特点是按唯理论观点把官能心理学的内容进行较系统的分类。这种对心理官能的分类和人们的常识十分接近，因而影响大、流传广，正如匹尔斯柏立所说，直到现代也不能完全用科学的概念取代它。

莱布尼茨把心灵看作能动的单子，沃尔夫则认为心灵是一种实在的能动的力，它有种种不同的官能。他主张单子有心灵单子和物质单子，两者均按预定的和谐完全平行地活动，速度也始终相等，但没有因果关系。这样，沃尔夫就把莱布尼茨的单子一元论，改变成为心物二元论，即回到了笛卡儿的观点。和笛卡儿不同的是，笛卡儿是身心交感论，沃尔夫则是身心平行论。这个平行论同现代心理学中的平行论就十分相似了。

沃尔夫反对洛克的经验心理学思想，赞同莱布尼茨把人的心灵看作主动活动的，人的观念是生来固有的唯理论思想。沃尔夫把能主动活动的心灵官能分为两大类即知和情或欲。知的官能包括感觉、想象、记忆、注意、悟性（形成、区分、判断一般概念）和理性（由概念推出结论）等。情欲官能包括快与不快的情感和意志。他认为心灵能主动地使用这些不同的心理官能从事各种心理活动，就像使用身体的四肢一样。不过沃尔夫对心理现象作过分类之后，并未进一步说明它们之间的关系和联系，致使人们孤立地理解各种心理活动。沃尔夫的这种思想影响至今仍起作用。

在说到注意现象时，沃尔夫把注意看作一种使观念明白清晰的官能，认为注意范围的大小同对象的明晰度成反比。注意领域大时的对象，不如领域小时明晰。很明显，沃尔夫把注意和统觉两者看作相近的官能。

我们将沃尔夫的官能心理学和中世纪奥古斯丁的官能心理学思想相比较，可以看到心理学思想发展的阶段性和连续性的辩证关系。表面看来，两种官能心理学的思想形式是一样的，实际上，奥古斯丁是从本体论即灵魂是什么的角度说明的；沃尔夫则从认识论角度，即知识经验是怎样获得的角度来说明。因为沃尔夫是从莱布尼茨的心灵主动活动方面，从唯理论方面理解的；奥古斯丁则从神学，即从灵魂官能来理解的。这是由于历史时代不同，讨论问题的出发点不相同，因而表现出心理学思想史的阶段性。但是，沃尔夫毕竟受到历史上官能心理学的思想影响，致使沃尔夫的思想缺乏莱布尼茨的辩证因素，加重了官能心理学中的形而上学缺点，这恰恰又和当时机械力学的思想占统治地位有关。例如，虽然沃尔夫和奥古斯丁一样，都把各种官能看作孤立的，但是两者思想的出发点和根据是不同的。这就说明思想发展连续性的形式，必然依附某一历史阶段的思想内容。这种形式和内容之间的差异和统一，就是历史发展阶段性和思想连续性的辩证统一的表现。

本章小结

这一章讲的是西欧社会激烈变革的历史时期，也是哲学和心理学思想上大转变的时期，笛卡儿、洛克和莱布尼茨之间的论战正反映了人们在转变时期思想上的分歧和特点。通过论战明确了一些问题，推动了心理学的发展，心理学的内容比以前丰富多了。但是也混淆了一些问题的思想界限，致使以后长期辨识不清。

通过争论，近代西欧心理学思想的三条发展线索基本上勾画出来了。我们以后会看到，笛卡儿的反射思想和身体是自动机的思想、洛克的感觉经验和联想概念、莱布尼茨的统觉学说和无意识的思想，成为承上（德谟克利特、柏拉图和亚里士多德）启下（法国唯物论、英国的经验联想主义和德国意识经验）的三条线索贯穿在近代欧洲的整个心理学史中。

但是，他们之间也有共同点和联系，笛卡儿的精气反射作用、洛克的反省和莱布尼茨的单子（知觉）活动，其实指的是一种东西即心理活动。只是观点不同（唯心或唯物），表达方式不同而已。笛卡儿把心理只看作精气的反射动作，排除灵魂即精神因素，是心理学上的机械唯物论思想。莱布尼茨把心理只看作单子即微觉、知觉和统觉的活动，排除了物质基础，是心理学上的唯心论思想。洛克把心理看作感觉和通过反省观察到的知觉、思维等活动，照顾了主客观两方面。但是当他把色、香、味看作只是主观的，而否认它们的客观性时，这就否认了主客观的相互作用，而混淆了心理学和认识论的界限。例如，一盆水是温、是热还是冷的，有客观标准即水温的度数，它可以由温度计测出精确的温度。人用手去测量则以身体的温度为准，因而带有主观性，但是，这种主观性是有客观限度的，超过限度就会烫伤或冻坏身体。在这限度内，人手去测量（反映）水的温度必须考虑到体温。因此，这种主观性是有客观基础的，它的基础就是当时人手这个生理结构上的机能状态。所以，心理学在解决认识论问题时，必须考虑主体的机能状态即心理学本身的规律在认识（反映）客观事物时的作用和影响。如果不考虑就是机械论（即排除主观因素，像笛卡儿），如果代替认识论就是唯心论（如莱布尼茨）。洛克把认识的来源分为两种，即感觉和反省，是考虑到认识事物的心理因素的。但当他进一步分析时，却把对外反映的感觉经验和对内反省的心理机能如知觉、想象等割裂开，却又把它们（外部经验和内部经验）混淆起来都叫作经验，这就混淆了反映的结果（观念）和反映的机能，即混淆了认识论和心理学的界限，因而致使他在感觉的第二性的质问题上看不到主客观的统一性，错误地断定色、香、味等是主观的东西。也就因为从认识论上看，心理反应是否符合客观还必须加以论证的东西，却不加论证地径直地去代替认识论的结论。贝克莱也就是利用了洛克的这种混淆和错误宣传他的主观唯心论的（关于贝克莱的思想下一章即将讲到）。

SECTION 4 第四章

18th:Early British Psychology
18 世纪：英国心理学

英国社会进入资本主义后，于18世纪30年代开始产业革命，进入资本主义工业化时期。在资本主义工业化发展经济、巩固了资本主义制度的同时，英国资产阶级已变成政府镇压人民群众的参与者，唯心主义思潮有所抬头。当时代表英国大资产阶级利益的思想家如贝克莱和休谟，苏格兰派的李德 (Reid) 和布朗 (Brown) 等，他们在提倡新哲学的名义下，宣传宗教和唯心论，试图重建宗教威信，压制唯物论的思想影响。而唯物主义的心理学思想只在科学工作者和医生如哈特莱 (Hartley) 那里得到继承发展。请注意，此处的经验心理学指以经验说明心理现象形成的观点。它强调以经验观察、自然观察和实验所得的资料来研究心理现象，而否定或忽视基本理论建设与假设的重要性。而联想主义心理学家把一切心理活动都看成各种感觉或观念的集合。所谓联想，即各种观念之间的联系或联结。

第一节

存在即被感知：贝克莱

贝克莱出生于爱尔兰，15 岁时进入都柏林三一学院学习，1707 年以硕士学位毕业于都柏林。1724 年贝克莱被任命为一地区的副主教，不久去北美传教，先后周游法国和意大利。1734—1752 年升任爱尔兰主教，1753 年死于牛津。

贝克莱一生以反对唯物论和无神论，维护宗教权威为终身职业，是近代欧洲主观唯心论的典型代表。早在青年时期，贝克莱就已形成他的哲学体系，1709 年（25 岁）和 1710 年相继发表了《视觉新论》和《人类知识原理》。这两本书既是他的主要哲学著作，也是和心理学有关的重要著作。

在哲学思想上，贝克莱利用了洛克关于物体的第一性质和第二性质上的混乱思想，作为他宣传唯心论的立论依据。首先，贝克莱认为，不仅物体的第二性质的观念是主观的，就连它的第一性质的观念也是主观的。例如，同一物体，在远处看时显得小，近看则大些，这是以人体的位置为转移的。因此，物体的广袤、形状和大小也以主体为转移，是主观的。其次，贝克莱认为，每一物体都有许多属性，它们总是一起被人们感知到。他说："我看见这个樱桃，我触到它，我尝到它……它是实在的。你如果去掉柔软、湿润、红色、涩味等感觉，你就是消灭樱桃……"（引自敦尼克等主编《哲学史》第一卷）贝克莱的意思是说，樱桃的柔软、湿润、红色和涩味，这些物体的第二性质，总是同樱桃的形状这个第一性质一起被感知到；如果去掉了樱桃的第二性质，色和味等感觉观念，那么它的第一性质的感觉观念也就一起被去掉了，因而你就消灭了樱桃。于是，贝克莱得出结论说：物体就是感觉的集合或结合，"存在就是被感知"。"总之，构成大宇宙的一切物体，在心灵以外都没有任何存在；它们的存在就是被感知或被知道。"（《十六—十八世纪西欧各国哲学》，三联书店版）

贝克莱反对的是无神论，维护的是宗教权威，他是企图在反对唯理论，支持经验论的所谓新哲学名义下达到他的目的。所以他真正反对的是唯物论。他说：关于"物质"或"有形实体"的学说，从来就是"无神论者"的挚友，"一旦把这块基石去掉，整个建筑物就不能不垮台"。由此可见，贝克莱的经验论和洛克的经验论是两种对立的思想系统：洛克反唯理论，反对的是天赋观念即反对柏拉图理念论的近代形式；贝克莱反唯理论，反对的是唯物论的一般概念即物质概念。正是这里贝克莱应用了心理学的知识为他的唯心论作依据，这就是他的空间知觉研究。

贝克莱在解释空间知觉，具体地说是深度知觉时曾问我们视网膜上的印象只有两个维度即平面的，但是我们能经验到第三度即深度，这是什么原因呢？他认为是过去经验的作用，是因为过去在看物时，视觉印象和触觉以及眼睛看物时的运动觉之间的经验结合在一起的。

例如，当人看一个较近的物体时，他的两眼瞳孔则彼此向内移动或作辐合运动；物体较远则辐合消失。因而深度知觉是一种经验，是几种感觉的集合。应该指出，在这里，心理学和认识论存在着微妙的差异。当贝克莱用眼球运动等来解释深度知觉时，他说明了深度知觉的生理机制，这是唯物的，在心理学上说是对的。但是，当他把这个结论即深度知觉是和过去眼球运动等经验有关的结论，径直地运用到认识论上认为物体就是"感觉的集合"时，这就是用心理学的知识作依据去替代认识论，从而得出主观唯心论的结论。由此可见，心理学上正确的结论，不一定在认识论上也是正确的。这是因为心理学和认识论不完全同一，心理学只研究认识过程如何进行，而认识论则必须研究人的认识如何反映客观真理。贝克莱把物体看作经验，看作感觉的集合，并用低级的认识心理过程即深度知觉来论证，只不过是利用了心理学的局部正确知识为他的主观唯心论作依据。

实际上，贝克莱继承发展了马尔伯朗士的"逢会说"思想。例如贝克莱在《视觉新论》中说道，距离本身不是人的眼睛能够直接看见；距离，其实是以顶端对着眼球的一条直线，所以只有一点投射入眼内，无论距离远近这个点始终不变。又说，距离知觉不仅依赖视觉，而且依赖触觉，依赖视觉和触觉在过去经验中的结合，视觉只不过是触觉的"标志""征兆"。视觉和触觉的结合是空间知觉的基础，是在这种结合基础上形成的经验对视知觉提供了一种"暗示"作用，它是一种意识不到的"归纳过程"，等等。应该说，贝克莱的这些说法对当时的心理学知识水平来说，也是可取的。因为直到 19 世纪赫尔姆霍茨和冯特都曾把空间知觉和知觉常性看作一种"无意识推理"的经验。

但是，贝克莱并不就此停止，他接着又说，我们从来没有看见与触到过同一客体；看见的是一件东西，触到的完全是另外一件东西，视觉的客体与触觉的客体是两件不同的东西。那么是什么使视觉和触觉集合在一起呢？他认为是心灵，是上帝给予心灵的自然规律。我们知道，马尔伯朗士曾把“感觉的复合”叫作“自然判断”，并归结为唯心论的“逢会说”。如今贝克莱说，视觉和触觉的集合是上帝给予心灵的自然规律，也就是逢会说的自然判断。

由此可见，贝克莱研究空间知觉的目的是为他的唯心论找论据，然而却为心理学提供了有益资料。这给予我们的启示是，对待历史上的唯心论者，既要揭露他的唯心论实质，也要有分析地保留下他所发现的心理学事实，才能真实地反映历史的本来面目和心理学发展的客观规律。

第二节

不可知论的鼻祖：休谟

休谟是欧洲近代史上不可知论者的祖师爷。他出生于苏格兰爱丁堡，在爱丁堡大学学过法律和哲学，1747 年成为军法官，从 1765 年起担任过英国驻巴黎大使馆秘书、代理公使和英国副国务大臣等重要职务。和心理学有关的著作有：《人性论》(1739—1740)和《人类理解研究》(1748)。

休谟是从贝克莱的主观唯心论走向不可知论的。贝克莱至少还承认存在，休谟则说：我只知道我的感知，至于是否有事物存在则令人怀疑，那是无法知道的。休谟的心理学思想就是他的不可知论的产物。

首先，休谟对观念和感觉印象进行了区分。过去洛克在讨论观念的联合时，常常把观念和感觉印象混淆起来。休谟认为，观念和感觉印象是两种心理现象。他说："所谓印象，我所指的是一切较生动的知觉，就是指我们听见、看见、触到、爱好、厌恶或欲求时的知觉而言。印象与观念有别，观念是较不生动的知觉，我们是在回想（指反省——引者）上述各种感觉或运动的时候才觉察到这种观念的。"他认为，印象是有力、生动的知觉；观念是微弱的不生动的知觉，观念是印象的摹本。休谟说："我们不论把这种研究进行到什么地步，都会见到我们所考察的每个观念，都是与它相类似的印象的摹本。"

接着，休谟把观念加以分类。对观念进行分类始于洛克。洛克的分类尽可能保持与外界事物的联系，即使如色、香、味这些感觉观念，洛克也没有把它们和外部物体割断，只是说这些感觉观念不是出自事物本身，而是出于主体。休谟把观念分为记忆观念和想象观念，并指出前者的观念活跃、明确，后者的微弱、模糊，但比较自由，可以上下古今地想入非非。可见，休谟的分类原则和洛克是不同的。洛克以知识经验为标准，它必须和客观事物取得一致，是认识论的分类；而休谟以观念本身的活跃与否为标准，他考虑的是心理功能如记忆、想象，是心理学的分类。标准不同不能互相比较。因此不能说，由于洛克的分类是唯物的，休谟的分类就是唯心的。因为从心理功能对观念进行分类，虽然是一种现象学的分类方法，然而是允许的。问题在于休谟作这样分类的目的，是要使观念远离客观事物并用它来证明“我知道的只是我的感知，至于客观事物是否存在则无法知道”这一不可知论的观点。在这里，休谟同贝克莱一样，也是用心理学的正确结论直接去代替认识论，因而在认识论上是唯心的。

在联想的思想上，休谟把洛克的观念联合即联想作了两种含义的理解：一是由若干简单观念联合成的复杂观念。例如，橘子是由红色、橘香、甜味、圆形等简单观念联合成的。二是由各个观念之间的吸力引起的动作联合。联想就是这种吸力。由于各种观念间有这种吸力才能联合成复杂观念。休谟还认为，这种吸力是“柔和的吸力”，它们不是必然的联合即联想，因而联想有自己的规律。在这里，我们又一次看到心理学和认识论的区别，前一种即观念的联合是认识论和知识论的。后一种是心理学的，它强调的是联想即观念联合的功能，不是观念本身。

休谟把联想规律分为三类，即相似律、时空上的接近律和因果律。他说：“在我看来，观念的联系只有三条原则，就是‘相似性’、时间或空间上的‘连接性’以及‘原因’或‘结果’。”休谟把因果律看作人类的经验习惯。他指出，心灵为习惯所影响，于是在某一件事发生之后，就期待经常继它之后而发生的事件发生，并且相信后一事件是会存在的。因此，我们心中所感觉到的这种联系，我们的想象从一个对象进到经常伴随的对象的这种习惯性的推移，就是我们据以形成“能力”观念或“必然联系”观念的那种感觉印象。事情就只是如此，没有别的什么了。显然，休谟和贝克莱一样用心理现象来取代客观规律，在确定观念联想的规律上做出贡献，但在认识论上是唯心的。

第三节

联想主义第一人：哈特莱

哈特莱（1705—1757）是英国第一个生理心理学家和联想主义者。他出身于牧师家庭，受了当时进步思想的影响，放弃当牧师的念头而学医学，并终身以行医为生。他用生理学知识对观念的联想作出唯物论的解释。1746 年哈特莱用拉丁文发表《观念的联想》一文讨论联想问题。1749 年他出版了《对人的观察：其结构、其义务及其期望》一书。这是哈特莱的一本主要的心理学著作，用了 16 年的时间写成。

一、身心相应的波动说

哈特莱认为，心理上有什么活动，神经生理上也就有相应的波动，而人体的神经生理活动则按物质活动的法则进行。感觉与运动和脑髓、脊髓以及神经三部分的波动相关联；观念仅仅和大脑有关。哈特莱以牛顿的物质振动学说为理论依据，认为神经是充满物质粒子的中实线体。每条神经的物质微粒受外界物质作用时，便在神经内部发生振动或波动。这种振动或波动沿着神经传导到大脑乃至肌肉。虽然这也只是一种推测，但比笛卡儿的神经管精气流动说更接近于事实。它使古希腊德谟克利特提出的物质原子运动和心理产生的原子撞击学说更具体化了。

哈特莱还进一步认为，外界引起神经和大脑的波动状态是不同的：大脑内的波动比神经波动微弱，被称之为微振。微振是外界作用神经引起的，它是一种间接作用，因此比较微弱。不过，哈特莱没有把微振和心理看作因果关系，只说是由于大脑的波动，在心理上便相应地出现观念，由于神经波动相应地出现感觉和运动。但他没有说明为什么是这样相应地发生。

二、记忆后象的学说

哈特莱认为，外物作用停止后，大脑内的微振会保留下来。但是，留下的后象将是越来越微弱。微振也可以转化为较大的振动，如梦中的观念强烈、鲜明，就是原来的微振变成较大的振动时出现的。记忆是过去感觉留下的影响，现在又引起微振。哈特莱否认有来自反省的简单观念。他认为一切心理经验来自感觉。

三、关于联想

洛克在《人类理解论》中提到，有些观念的联想是人为地结合起来的。例如，黑暗和魔鬼的联想是大人用来恐吓儿童造成的，以致影响很深不易去掉。休谟认为联想是一种不可知的自然力量的作用，只是一种习惯。哈特莱则从生理学上加以解释。他把联想看作过去的外界客体相继作用在经验中的重现。他指出，如果感觉 A，在同一时间和不同的感觉 B、C、D，一次又一次地结合；那么感觉 A，最后就能引起和它结合在一起过的感觉 B、C、D 的观念 b、c、d。同样，一个身体的运动可引起先前和它联合过的观念；或者一个感觉或观念也可唤起和它们重复过的运动。运动和运动的联合形成技能习惯；运动和观念的联合形成意志行动等。就这样，哈特莱不仅用联想来解释一切复杂心理现象的形成，而且把经验和联想都建立在和外界事物发生联系的基础上，同时又作出生理学上的解释。所以说，他是一个唯物论的联想主义心理学的创始人。

第四节

苏格兰新力量：李德与布朗

苏格兰是英伦三岛之一，工业经济和文化都比较落后，基督教的势力也较大。17 世纪时，苏格兰人一方面接受英格兰洛克的思想，另一方面受法国马尔伯朗士等人的思想影响，后来还受德国的影响。在 18 世纪渐渐形成了苏格兰学派。它的代表人物是李德和布朗。

一、李德

李德出身于苏格兰基督教长老会的家庭，1726 年他毕业于苏格兰阿伯尔丁大学，毕业后留校任图书馆管理员，1752 年被选为哲学教授。1764 年他出版《按常识原则研究人类心灵》。同年任格拉斯哥大学的道德哲学教授。1785 年他又出版了《论人的理智能力》和 1788 年的《论活动的能力》。

在李德看来，贝克莱和休谟否认物质存在和因果关系都是违反常识的。他认为物质、灵魂和因果关系都是客观存在；灵魂具有各种能力，也包括理性能力，正像身体有各种活动一样，灵魂也参加每一活动。不过，他认为灵魂是一个统一整体，并不是各部分的简单总和。李德的心理学思想和沃尔夫的官能心理学类似。他给灵魂分类并列举了一系列的能力。

李德的贡献，主要在把知觉和感觉分开，并且作出一定的科学解释。他说道，当我们嗅玫瑰花时，在这个动作中既有感觉也有知觉，“我闻到适意的香气仅仅是感觉”，“而当我闻到是一朵玫瑰花时，这就是知觉”。他认为，知觉虽然依赖感觉，但知觉的内容比感觉丰富得多，因为知觉内容不仅包含物体的观念，还直接证明了外部物体的现实存在。可见，李德在区分感觉和知觉时确认了感知到的是外界物体，这是唯物的科学的。他强调整体灵魂的主要原因和他反联想主义的机械性相一致。他认为复杂的观念不是由简单感觉或简单观念联合成的，而是由于灵魂官能综合活动的结果。这种活动他称之为“归纳原则”。其实，李德的归纳原则并没有提出比联想概念更多的东西，其主要意义只是强调了心理活动的综合整体性去对抗当时联想心理学思想中的机械论倾向而已。

二、布朗

布朗年轻时，学过医学、物理学、生理学和法律，后来才致力于研究哲学。布朗不拘泥于传播李德和苏格兰学派的思想，他既接受英格兰霍布斯和洛克以及苏格兰李德的传统思想，又吸收了当时法国的机械唯物论思想。所以在他的思想体系里也包含有唯物成分，也比较注意实际的观察。他著有《人心哲理讲演集》，这是在他死后才出版的一本著作。

在心理学上，布朗提出了肌肉感觉、关系感和暗示的联想学说，在历史上是有贡献的。

■ 肌肉感觉

过去人们都认为，用手拿物体，只是由于皮肤感觉的作用。布朗发现，除皮肤感觉外，皮下的肌肉感觉起着重要作用。他认为，手拿物体或者身体接触物体时，除肌肉中的运动神经外，还有感觉神经引起肌肉感觉，是这种肌肉感觉和皮肤的接触感觉相结合，才使人感到物体存在的。布朗的这一发现，为后来韦伯 (Weber) 和费希纳 (Fechner) 的感觉阈限实验提供了事实的知识。

布朗还观察到，一个人的最初动作往往会犯错误，如用手去拿物体起先是不准确的，后来经过多次重复就会逐渐进步。他认为，这是每次重复把以前无效的动作停止，或者使肌肉收缩越来越接近需要的力量。这样，布朗实际上已观察到熟练形成的基本途径。

布朗还用肌肉感觉解释空间知觉的形成。他认为空间是广延性的，任何空间知觉都离不开肌肉感觉。例如，用视知觉看一物体，用手去摸一物体并判断它的大小，都得借助于肌肉感觉才能实现。他认为在这种场合，眼球运动和肌肉的触动都有重要作用。

■ 关系感

布朗提出关系感这一概念，如人们经常发觉一个人比另一人高，或一盏灯比另一盏灯亮。他认为，这种立即觉察到两者之间的关系，并不是感觉的作用，因为其中没有插入任何心理过程，只是一种直接觉知到的关系判断，是一种全新的经验元素。他还认为，推理、抽象都是这种关系的暗示。暗示这个概念是布朗用来代替传统的联想概念的，显示出他的苏格兰学派的思想特点，并形成了他的暗示学说。

■ 暗示学说

他和苏格兰学派其他人一样，不赞同把联想看作观念的机械集合，认为心理是一种主动作用，有一种黏合力。由暗示引起复杂的心理状态，和构成它的成分有不同的性质。他把形成这种复杂状态的作用叫作“心的自发化学”，它是不能反省分析成原来的成分的。布朗的这一思想可以说是以后约翰·穆勒心理化学的先导。

其实，布朗的暗示和李德的归纳原则一样，只是联想的别名，并无实质上的区分。例如，布朗提出暗示的三原则即相似、对比和接近，同休谟提出的三条联想律是完全同义的。不过布朗注意观察，提出了一些难以用三条联想律解释的问题。例如，为什么同一观念在不同的人或者在同一人的不同时期会引起不同的观念。再如，听到朋友的声音会想起他的面孔；对一般人来说，虎看上去既像豹又像狮子，但为什么有些时候想起豹，而另一些时候想起狮子。布朗认为，要回答以上的问题是有条件的，他把这些条件归纳为 9 条暗示的付次规律，以和传统的三条联想律区别开。

1. **持续时间的长短。**对某一事物关注的时间越长，以后就越能记住它。
2. **生动的程度。**原初的感觉越强烈越生动，各部分的联结就越牢靠。
3. **出现的次数。**重复的次数越多，各部分越容易由暗示引起。
4. **新近的程度。**越新近的经验，越易想起。
5. **纯洁的程度。**越没有其他东西可代替的经验，即单纯的经验越容易联想起它。例如，某一支歌，只听到一个人唱过，那么以后听到这支歌就容易想起那个唱歌的人。但如果从前听到好多人唱过这支歌，那么再听到这支歌就不会想到任何一个人。
6. **个人原来的身体体质结构上的差异。**个人的体质不同，对某一种暗示的力量是不同的。有的人容易想起见到过的事物，有的人则容易想起听到过的事物，或者相反。
7. **情绪上的暂时变化。**生气时容易想起过去使他生气的事。
8. **身体状态暂时产生的变化。**酒醉、昏迷或者疾病缠身等身体的不同状况会引起不同的联想。
9. **以前思想习惯的一般倾向。**例如，职业对联想的影响。

布朗认为，这些规律不是由逻辑思维推导出来，而是经验的。但它们又不是被动的，而是由心的主动作用的结果。所有这些都是苏格兰学派的思想特色。由于这些思想的准备和补充，使以后的赫尔巴特和冯特能够从德国的思想传统和英国的联想主义相结合形成一种心理学的科学体系。

本章小结

通过这一章，我们可以看到英国的经验心理学已经进入一个建设时期。在心理学史上一个比较困难的问题是，如何解释像贝克莱、休谟、李德和布朗这样一些唯心论者对心理学发展的贡献。这就必须看到心理学和认识论之间的关系，既要看到它们的联系，也要看到它们之间的区别。有些人的意见在心理学上是正确的，不见得在认识论上也是正确的，而唯心论就是利用心理学取代认识论。贝克莱用主体经验补充解释深度知觉，并用眼动的生理机制加以说明，这在心理学上是正确的。但是，他因此得出结论说“物体就是感觉的集合”“存在就是被感知”，就是以心理学取代认识论。

这一章里还表现出的另一特点是，对心理现象的研究比过去更加精细、具体和深入。例如，休谟把感觉印象和观念加以区分，对联想从两种含义去理解。李德区分了感觉和知觉，布朗提出肌肉感觉及其在形成空间知觉中的重要作用。也就是说，这个时期的英国心理学，在联想和知觉这两种心理现象的深入研究上有很大进展。当时，心理学的这种状况表明，它的研究方向确定以后，必然有一个深入研究细节和具体问题借以积累材料的时期。在这个时期内的艰苦工作为本科学的系统概括和提高作了材料上的准备。可以说，这是任何科学发展的规律。由以上各章看来，欧洲心理学发展的实际情况就是如此。恩格斯曾经说过，18 世纪的科学是搜集材料和积累材料的时期，19 世纪是整理材料成为体系的时期。这是一般科学发展的总趋势，是个客观规律。正因为有了 18 世纪及其随后时期的心理学材料的不断增加，逐渐使人们认识到心理学有自己研究的对象，心理学有别于认识论和哲学中的其他问题，才有可能在 19 世纪后半期使心理学脱离哲学成为独立的科学。这是 18 世纪英国经验论的联想心理学对欧洲心理学影响的积极方面。

同样，英国联想心理学思想的消极方面对后世心理学也有很大影响，这就是它的机械观和形而上学的思想方法。也正因如此，19 世纪的英国心理学中出现了心理元素主义和机械、烦琐的思想。详见后文论述。

SECTION 5 第五章

18th: The psychological idea of the Sensualism and Transcendentalism

18 世纪：法国感觉论和德国先验论

18 世纪英国的革命高潮已经过去，欧洲的革命中心正向法国转移，1789 年终于爆发了法国资产阶级大革命。本章讲的法国百科全书派就是这场革命的启蒙者。他们思想先进，是彻底的唯物主义者和无神论者。和法国当时的情况相比，18 世纪的德国仍处在缓慢的前进中，而且由于法国大革命雅各宾党执政时的激烈行动，使当时目睹这一切的德国资产阶级震惊，在政治上采取了畏缩保守态度，只是对发展科学和工业感兴趣。先验论者康德在哲学上的摇摆不定就代表了当时德国资产阶级的一般思想状况。

第一节

大脑是心理的机器：狄德罗、霍尔巴哈和爱尔维修

18 世纪中后期，160 多位当时法国著名的思想家和科学家编撰了一部《科学、艺术和工艺百科全书》，此书由狄德罗(Diderot) 主持编写，宣扬科学和理性，反对迷信和专制，这些人被称为百科全书派。他们人数众多，影响极大，是法国启蒙运动的重要力量。

法国百科全书派的主要代表有：狄德罗（1713—1784）、霍尔巴哈(Hollbach, 1723—1789）和爱尔维修（1715—1771）。他们和拉·梅特利（1709—1751）都继承发展了笛卡儿和洛克的唯物主义思想，反对贝克莱和休谟。

笛卡儿把动物和人的身体看作自动的机器，拉·梅特利则以《人是机器》作为书名。他认为世界由物质组成，心理是有机体的机能，感觉能力只在有机物中才会表现出来，因为物质内部有运动能力，感觉也是一种运动能力。

洛克认为，知识来源于感觉和反省。拉·梅特利认为知识只来源

于感觉，排除了反省。他指出，感觉是外界事物作用于身体产生的。例如，听觉就是手琴上的弦键打动了脑中的弦键产生的。因此，感觉是认识现实的可靠指导者，是思维的基础和源泉。但他把思维看作感觉表象的比较和组合的过程，是不正确的。

拉·梅特利是18世纪法国唯物主义创立者，**狄德罗**则把它推向最高峰。1751—1780年，狄德罗应一位出版商的要求，组织一批人由他主编《科学、艺术和工艺百科全书》，故有百科全书派之称。他确定以唯物主义和无神论为编辑原则，批评宗教和封建制度，像当时的伏尔泰、卢梭等也被邀参加。

狄德罗认为，世界由物质元素构成，世界的多样性就是物质力量转化的结果。例如，从无机物到有机物，从有感觉的生物到有思维的生物，都是物质力量转化造成的。他还认为，无机物也有“迟钝的感受性”。这是一种万物有灵论的思想，暴露出狄德罗的思想上有机械论和形而上学观点。可是，他认为，没有超物质或者离开肉体的精神和心理。这是正确的唯物论观点。狄德罗把人比喻为一架具有感觉和记忆能力的钢琴，嘲笑贝克莱及其主观唯心论“认为自己是世界上存在的唯一的钢琴，宇宙的全部和谐都发生在它身上”。狄德罗说，这是一架“发疯的钢琴”。

狄德罗把个体心理的发展和心理过程都看作物质因素相互作用造成的。他说：“谁要想向科学院提供一个人或一个动物逐渐形成的情况，就只有用一些物质因素来说明。这些物质因素逐步产生的结果，便是一个迟钝的生物，一个有感觉的生物，一个有思想的生物，一个解决岁差问题的生物，一个衰老、萎靡死去、消解而化为腐土的生物。”

(《狄德罗哲学选集》)又说："一定方式构成的无生命的物质，受着另外一种无生命的物质的作用，以后又受着热和运动的作用——就会产生感觉力、生命、记忆、意识、情感和思维。"

霍尔巴哈原籍德国，一生侨居法国，著有《自然之体系》(1770)。他强调脑筋是心理的器官，是散布于全身的神经的中心。外界事物作用于感官，通过振动在脑中产生感觉，被改变的脑筋产生的印象传递给神经运动，使肉体器官各司其职。所以，他认为心灵只是物质的运动，是脑的运动。

霍尔巴哈反对意志自由和先天论。他认为意志由经验决定，意志行动由动机、愿望产生；动机、愿望由需要引起。在内部斗争中，那个占优势的动机支配着行动。例如，渴了想要喝水，但有人告诉你这水有毒，喝水的愿望为求生的愿望战胜，而不喝水。这是由于死比渴"来得更有力，死的害怕必然使我感觉到比渴的苦恼占着优势"(霍尔巴哈著，杨伯恺译《自然之体系》上册)。

拉·梅特利、狄德罗和霍尔巴哈都强调心理是物质及其运动的属性，把心理看作脑的机能，脑是心理的器官；用脑和神经的活动来解释心理的产生和发展；用外物作用于感官、神经和脑产生感觉和心理来说明物质运动的转化和心理发展、心理过程之间的关系；等等。他们的这些思想是继承并发展了笛卡儿关于身体是机器的思想和洛克唯物主义的感觉经验心理学，使两者融为一体，从而创立了18世纪法国唯物主义者独特的感觉主义心理学和生理心理学的思想观点。但由于时代的限制，他们的思想具有严重的机械性。

第二节

一切都是感觉：孔狄亚克与爱尔维修的感觉主义

爱尔维修 (Helvétius) 和孔狄亚克 (Condillac) 不像前几位百科全书派代表注意心理和生理的关系。因为孔狄亚克受洛克的思想影响较大，爱尔维修又受孔狄亚克感觉主义的影响。

孔狄亚克（1715—1780）反对笛卡儿的天赋观念和莱布尼茨的单子论，认为莱布尼茨把人类灵魂禁闭在大理石的石像内，当然接受不了外界事物的影响。他认为，心灵有自己发展的能力，知识是由感觉引起的观念形成的。一切心理过程都是由感觉转化来的。他假设，如果说嗅觉是最初发生的感觉，或者这个石像只有嗅觉，那么通过嗅觉也会得到一切心理过程甚至高级的心理过程，如比较、判断、抽象等。他认为，感觉是较简单、被动的过程。感觉之后留下痕迹就是记忆。当第二次感觉时就可以与之比较，比较两次感觉之间的异同，就是做出判断。这样，一次又一次，一个又一个的经验，就引起理解，而从许多感觉中孤立出一个感觉来时，就是抽象作用。因此，如果只有嗅觉也能说明记忆、比较、判断、理解、抽象等心理过程。当这个嗅觉占据心灵的全部时就是注意。他认为注意是各种心理现象的条件。

孔狄亚克还进一步假设，如果触觉是最后发生的，那么有了各种触觉，关于广延、远近和形状、大小的知觉以及物体的观念也就产生了。

最后，孔狄亚克还认为，感觉过程总是伴随着愉快和不愉快。愉快的经验就延续和重复，不愉快的就可能停止。这样，孔狄亚克就形成了感觉主义心理学的思想系统。这个系统后来对 19 世纪的英国联想主义有影响。

爱尔维修著有《精神论》(1758) 和《论人及其智慧和教育》(1773)。他同意孔狄亚克把一切心理过程都归结为感觉的观点。所以人们把他和孔狄亚克都称为感觉主义者。

但是，爱尔维修和孔狄亚克有所不同，他强调人和动物的区别在于人能制造工具，接触范围广阔，因而感性印象比动物多得多。人又有语言能概括事物的感性印象成为概念，有文化世代相传。他说："假设自然不给我们生出伸展自如的手和指，而在我们拳头上生就一个马蹄，那么谁怀疑无技能、无居住、不能抵御兽类、全部精力悉耗于寻觅食物、躲避猛兽之上的人们，不会尚如东奔西跑的兽群，彷徨踯躅于森林之中呢？"他还说：没有以手的使用为前提形成起来的概念、字词和语言，"只有五六种声音或叫声的兽类语言"，那么人们将"同样停留在低下的状态"。(爱尔维修著，杨伯恺译《精神论》) 爱尔维修正确地指出了手和语言对于人类及其心理发展的重要作用。但是，他把人和动物相区别的最终原因归结于感觉印象的众多上，使他未能进一步研究手和语言的使用在形成人和动物本质差异上的具体作用。

爱尔维修还把情感也看作感觉，并把感觉、情感和需要联系起来。他认为需要产生欲望，欲望的满足与否产生种种情感。他说："友谊以需要为前提，需要越急迫，则友谊越是强烈。因此，需要便是情感的尺度。”爱尔维修把情感和需要联系起来，正如他把人的心理特点和手与语言的使用联系起来一样，是一种独到的见解，丰富了欧洲心理学中唯物论观点的思想。爱尔维修感觉主义只注意到量的积累，忽视质的差异，这是法国百科全书派思想上的通病。他特别强调感觉，但对后来的卡巴尼斯 (Cabanis) 却有积极的影响。

第三节

大脑产生思想：卡巴尼斯的生理心理学

卡巴尼斯（1757—1808）是继承百科全书派思想的突出代表，18 世纪法国资产阶级大革命时期的思想家。他继承了笛卡儿、洛克和爱尔维修的唯物主义，著有《论人的肉体和精神》(1796—1797)。

卡巴尼斯发现被斩首的人体失去感觉并不痛苦。他认为感觉和意识是脑的功能，并认为神经系统有高低级之分：脊髓是低级的，只有反射作用，是无意识的；最高层是脑，管理思想和意志，是有意识的。他说，脑是一种特殊器官，它的功能是产生思想。但是，他并不是庸俗唯物主义者，因为他没有把脑产生思想看作肝脏分泌胆汁一样；而是说脑的功能是知觉每一特殊的印象，把不同的印象加以结合、互相比较，从中判断和辨别它们。可见，卡巴尼斯注意心理和生理的关系，是一个生理心理学的拥护者。卡巴尼斯还提出，内部感觉指的是对人体自身的内脏、肌肉和膜等状态的感觉（即现在说的机体感觉和本体感觉）。虽然，人们意识不到这些感觉，但对一个人的心理状态却起着作用。因此他强调要从整个机体研究人的心理，而不只是孤立地研究感觉。

第四节

康德的现象学

康德（Kant, 1724—1804）生活在德国新兴资产阶级动摇时期，他企图调和科学和宗教，调和唯物论的经验论与唯心论的唯理论，是当时德国资产阶级思想状况的典型表现。

从康德一生的经历上看，1770 年前，他主要研究自然科学，提出天体形成星云说和潮汐成因论，在科学史上有重要影响。1770 年以后，康德受休谟怀疑论的影响，提出批判哲学，先后出版了《纯粹理性批判》（1781）、《实践理性批判》（1788）和《判断力批判》（1790）。这三本哲学著作，涉及心理学的某些问题，有很大影响。他还出版了《实用人类学》（1798）专讲心理学，但内容却很一般。

康德把世界划分为现象世界和实体世界，认为我们只能认识世界的现象，至于世界的实体如理性、灵魂等“物自体”，则不能证实它是否存在，只能信仰它必然而且必须存在着。这就是康德的“物自体”不可知的理论。

康德把灵魂、人心也都看作不能认识的“物自体”，美（情感）、道德（意志）和知（认识）是三种不能认识的物自体的理性形式，它们互不依赖，也不依赖于经验的先验形式。这就是康德确定的知、情、意的心理三分法。有人认为，康德的三分法出自他的上述三本书：纯粹理性相当于认知活动，实践理性相当于意志活动，判断力讲美学相当于情感。

康德还认为，心理现象瞬息万变，既不能用数量表示，也无法进行实验，因此，心理学不能成为科学。康德的这一武断，对心理学的消极影响很大。

康德认为，人的认识包括两种成分。一种是感性的，另一种是悟性的。感性材料通过人的感官获得，是一些混乱、零散的现象，只有通过悟性按先验的形式加工整理，才能系统化为有条理的理论知识。例如，时间和空间是知觉的先验形式，数量、因果关系是悟性的先验形式，它们都是先天固有的即先验地存在于人心中的。它们和外物的经验内容无关，却是认识外物的必然形式。康德把人类认识中经验内容和认识形式对立起来，对心理学又产生了很大的影响。康德还认为，人心是物自体，是不能认识的，心理学只能研究心的现象。这种思想后来由布连塔诺的学生斯图姆夫(Stumpt)传给胡塞尔形成一种现象学。现象学在现代西方心理学上的影响是相当大的。

总之，康德的言论和主张在欧洲心理学中的影响既有消极的，也有积极的。除上述的影响外，他还继承了莱布尼茨关于统觉学说中心理主动性思想，保持德国心理学传统思想的辩证因素。

本章小结

这两章介绍的都是18世纪西欧心理学发展的简况。相对来说，英国比法国和德国的心理学要研究得深入、细致一些。但由于英国的哲学上出现了唯心论，并用心理学代替认识论，造成心理学思想上的混乱。当时的法国心理学思想虽然粗糙一些，却是欧洲唯物主义的思想基地。法国百科全书派和卡巴尼斯都提出脑是心理的器官，心理是脑的机能的唯物主义观点，为生理心理学奠定了理论基础。他们的缺点是以机械论观点混淆了生理和心理的界限。

总之，在这两章里，我们看到18世纪的心理学比17世纪有较大的进步。这些进步表现在：英国的经验心理学开始研究具体问题，出现了联想心理学，法国从感觉主义发展为生理心理学，德国人强调心理的主动性和整体性。19世纪的欧洲心理学思想就是以这三方面为基础，形成了各国传统思想的基本路线，然后经过冯特的总结形成体系的。

SECTION 6 第六章

19th: Psychology in 19th Century Britain
19世纪:“三大发现”后的英国心理学

19世纪30年代英国爆发第一次资本主义经济危机，表明西方资本主义开始衰退。但是，欧洲的自然科学仍按其自身的规律在前进：细胞学（1838—1839）、能量守恒定律（1842）和物种进化理论（1859）自然科学中的三大发现相继问世。它们导致了黑格尔哲学解体和马克思主义的诞生；它们迫使另一些唯心论改头换面：法国的实证论、英国的新休谟主义和德国的新康德主义也就先后出现了。

这个时期的英国联想心理学中，唯心论占了优势，它们的思辨方法和被动的机械观阻碍了自身发展，也影响了正在酝酿脱离哲学成为独立科学心理学的发展进程。19世纪60年代以后，达尔文进化论思想渗入心理学，使心理学的研究工作出现了新气象。然而，这是一种新旧思想交替、十分缓慢的渐进过程。这一章，只能通过几位代表人物的思想以示其梗概。

第一节

穆勒父子的
力学心理学和化学心理学

詹姆斯 · 穆勒（Mill, 1773—1836）和他的儿子约翰 · 穆勒（Mill, 1806—1873）都是唯心论的联想主义者。由于他们的心理学思想基本相同，欧洲心理学史上惯称他们为穆勒父子或大小穆勒。

詹姆斯 · 穆勒著有《人类心灵现象的分析》(1829)。这本书不谈生理方面的知识，而用力学的机械原理解释联想。他把感觉看作最简单的心理元素，感觉衍生出观念，感觉和观念由于联想作用形成一切复杂的心理现象。这就是欧洲心理学史上惯称的心理元素主义。

穆勒还把感觉分为八种，其中五种即通常说的视觉、听觉、嗅觉、味觉和触觉，此外他又加上肌肉感觉、消化管内的感觉和解散觉(或扰乱感觉)。他认为，人们有这些感觉，才有观念、知觉和思想。他和李德一样，把感觉和知觉分开，认为知觉起源于感觉，比感觉内容丰富。

他把休谟确定的三条联想律归并为一条，即接近律。他认为，任何一种感觉都可以引起过去所获得的某种观念，任何一种观念也可以引起和它接近的另一观念。这些观念可以是同时发生的，也可以是连续发生的，但是，基本的联想规律只有一条，那就是接近律。一对接近的观念，不论它们是相反的还是相似的，因为它们彼此联合着，就能由一个观念联想起另一观念。他还补充了生动性和频因性两条规律来解释联想的力量。

穆勒在用接近联想解释情感和观念的关系时说道："有些人对于蜘蛛、癞蛤蟆、老鼠有种'反感'，这种反感大概是由于幼年受惊吓而来的。从前有一度接触或看见这种动物时引起的危险观念很剧烈，因而成了很强固的联想，强到无法打破它。他们不由自主地一看见这种动物，就引起那种观念，因而那个观念所连带的不安心态也随之发生了。"

穆勒把复杂的观念看作由被动联想，机械地把简单观念堆积起来的。例如他说："砖是一个复杂观念，灰泥是另一个复杂观念，这两个观念，再加上位置观念和数量观念，就合成我所谓墙这个观念。这些多层观念（墙、地板、窗子等）合起来，就成了我所谓房屋的观念。所以房屋的观念是各种各样的多层观念合成的。"那么"所谓万物是若干多得更多的复杂的与多层的观念合成的吗？它的繁复程度，更可想而知了"。这就是穆勒的"力学心理学"。它的烦琐、机械已到了极点，致使他的儿子小穆勒也提出批评，试图用"化学心理学"取代它。

穆勒把意识看作一切心理状态的总名称，认为感觉、观念，这些心理状态就是意识，自我和反省。他不像洛克把反省看作知识的来源之一。穆勒关于意识的这种见解对后来的冯特是有影响的。因为冯特就是把心理学定义为研究意识经验的科学，把感知觉、记忆、思维、意志、情绪等称为心理状态或意识状态，它们的总称就是意识，感觉和感情是意识的心理元素等。

约翰·穆勒即小穆勒用化学心理学代替他父亲的力学心理学。小穆勒是一个哲学家和经济学家，在哲学上是个实证主义者，认为感觉才是唯一真实的事实。他把物质定义为“感觉的永恒可能性”，意思是物质是永远不可认识的。小穆勒的心理学思想散见于他的《逻辑学体系》(1843)、《对汉密尔顿的审查》(1865)和《对詹姆斯·穆勒心理学的诠释》(1869，和贝因合写)。

小穆勒曾提出心理学应该是一门独立的科学，心理学和生理学不同，它的任务是发现各种心理状态间的规律。他认为当时的生理学知识不如心理状态的知识丰富，不可能从现有的生理规律中引申出心理规律。他的这些言论反映了18世纪法国唯物主义的感觉主义和生理心理学的思想，对当时欧洲唯心主义心理学思想予以冲击的反响；同时也反映了那种把生理和心理混淆，以及用简单的生理学知识机械地去解释复杂得多的心理现象所引起的人们的非议和反感。小穆勒的上述言论，就其实质说，是反对研究心理的生理基础的。

小穆勒为了补救他父亲力学心理学机械性的缺陷，提出了“化学心理学”这一概念，认为有些观念的联合如同氢和氧化合成水一样，具有新的性质，这种性质无论在氢或氧中都是没有的，它是由氢和氧的化合物形成的新品质。在心理现象中，犹如肌肉感觉和接触感觉结合成为空间知觉，后者是前两者都不具备的一种新的心理状态。

关于记忆的联想规律，他提到了类似律、接近律、频因律和不可分律。后来，他的频因律作为一种联想律被人们接受，并由桑代克(Thonndike)作为一种学习规律载入心理学史册。

可见，心理学发展到穆勒父子时代，心理现象的规律性知识日渐增加、明确，如当时已提出了许多联想规律和各种不同性质的感觉，关于心理学的研究对象究竟是什么的问题也正在热烈地讨论着，这些意见都表明心理学正在酝酿着成为独立的科学。

第二节

贝因的联想心理学

贝因（Bain, 1818—1903）出身于纺织工人家庭，幼年过着较贫困的生活，后来得到一位牧师的帮助进了学校。大学毕业后，因不愿接受教会的约束，靠写文章生活。由于长期投稿结识了约翰·穆勒，并与之合作写书，最后成为大学教授。

在哲学上，贝因和约翰·穆勒一样是个实证主义者，著有《感觉与理智》(1855) 和《情绪与意志》(1859)。1876 年贝因创办了杂志《心》，这是世界史上以“心”命名的第一种杂志。不过杂志上发表的，实际是关于哲学内容的文章。

在身心关系问题上，他应用当时流行的能量守恒定律解释身体和心理的关系，认为身体是一个自我封闭的物质系统，它按照能量守恒定律自行运动，和心灵不发生因果关系，它们是平行的。

贝因不同意詹姆斯·穆勒把相似律和对比律合并到接近律，指出相似联想有创造和发明的作用，也可作为“创造性的联想”，不能把它包含在接近联想中。

在讨论联想规律时，贝因谈到了学习心理。他认为，学习的主要心理活动是辨别（或译作识别）和认识（或译作认同）。我们认识外物“是由于它们彼此间的异点和同点，我们对于红色的完全知识是因为我们曾经把红色和其他一切颜色对比，并把它与红色自身和各个相差很细微的红色相比较。我们对于椅子的知识是我们对于椅子与其他家具等的分别并与其他椅子的这些相同经验所构成”（B. 蓝德编，唐钺译《西方心理学家文选》）。

贝因还研究了影响学习的条件：

1. **重复练习**。“重复越多……学习的进步越大。”
2. **集中注意**。“分心是学习的障碍”，“集中注意的最大动力”是“手里工作的乐趣”。
3. 有一定程度的一般保持力，也就是一般学习能力。

贝因把学习能力分成“特殊的”或“局部的”和“一般的”两种。前者如肌肉的敏感，“音乐的耳朵”等，它们只和某种学习活动相联系；“一般的”学习能力则在全部学习活动中表现出来。贝因关于学习能力的分类法，在西方心理学的学习理论中很有影响，曾在20世纪30年代引起广泛的争论。

贝因还提到“尝试错误”在学习中的作用。开始学习时，先是散乱的动作，以后其中得到满足后果的动作就保留下来，得不到满足结果的动作就逐渐停止出现。最后，经过多次重复，前一种动作就稳定下来，成为有意的动作。贝因的这些思想，后来为桑代克所采纳，创立了一种“尝试与错误”的学习理论。桑代克的这种学习理论直到现在的教育心理学教科书还在应用。

波林说，贝因是从哲学心理学向实验心理学过渡的一位承前启后的人，他为以前的心理学做了一次系统整理，在他以后就开始了心理学的实验。现在看来，贝因系统总结了前人的心理学成就，表明心理学独立成为科学的时期降临。他的工作可以说是冯特心理学体系的先导，但是在其规模和体系的完善程度上，尤其在科学形式上却是粗陋的，因而贝因在欧洲心理学史上的地位也逊于冯特。

第三节

心理进化论者：斯宾塞

斯宾塞（Spencer, 1820—1903）是哲学家和社会学家，是实证主义的主要代表之一。他认为，人们只能认识事物的某种表象，事物的本质是绝对不可知的。他曾企图调和宗教和科学的矛盾，认为一切科学概念都有宗教气味。

斯宾塞的心理进化思想是他综合哲学的一部分。综合哲学认为，宇宙间各事物互相联系，表现为一个发展着的整体。不论天体、动植物和人类社会制度，都按两条原理即分化和整合发展着：任何事物起先曾是简单、一致、同质的，然后才开始分化。在分化过程中出现可分辨的不同部分，最后经过整合，将各部分连接成一个新的整体。从这种基本观点出发，斯宾塞把生命定义为“内部关系对外部关系的连续适应”（见 *W.S.Sahakian* 著 *History and Systems of Psychology*）。他假设：肉体的生命现象和心理的生命现象在数量上、范围上、特性上和复杂程度上是不间断地增加着的。这样他的心理进化思想，可以归结为以下三点：

1. 进化是有机体对环境的连续适应，或者说内部关系适应外部关系。
2. 这种适应是肉体和心理双方平行地不间断地进行的。
3. 这种适应性进化只是数量上、范围上、特性上和复杂程度上的增加。

总之，心理结构和肉体结构在进化史上只是数量上的增加，并无质变地平行进行的。这就是斯宾塞心理进化的核心思想，它的实质是一种身心平行的庸俗进化论。

斯宾塞著有《心理学原理》（1855）一书，这是他的综合哲学的一部分。波林说，这本书的内容基本上是重复贝因的心理学，只是在 1870 年修改版中增加了关于生理学的知识内容。墨菲则认为斯宾塞的进化论对心理学的影响要比他的心理学原理的影响更大些。

斯宾塞继承了英国的联想心理学，又添加了进化论的思想，历史上把他看作新联想主义者。他也主张心理学是一门独立的科学，认为心理学位于生物科学和社会科学之间，既是自然科学的一部分，又是社会科学的基础。

在心理学的对象问题上，他从心理进化的观点出发，认为心理学应该研究外部现象的连续和内部现象的连续之间的连续。他说，心理学的对象“不是内部现象间的相互关系，同样也不是外部现象间的相互关系，而是这两种相互关系间的相互关系”(斯宾塞著《心理学原理》)。在这里，他说的外部现象是指声、色、香等物理学研究的对象，而内部现象则指生理学研究的对象，如听觉、视觉和嗅觉等，这是由于当时人们把感觉看作生理学的一部分，从知觉开始才是纯粹心理学的研究对象。他说的外部现象的连续和内部现象的连续之间的连续，就是知觉、思想和情绪等一系列心理现象的连续发展和变化同相应的外部现象连续的适应。

从心理进化的思想出发，斯宾塞认为生物种系心理的进化和有机体构造的发展相平行，神经系统越复杂的有机体，它的心理也越复杂。它是通过分化、整合的不断进化发展起来的。种系的心理发展是这样，个体的心理发展过程也是这样。

他强调拉马克(Lamarck)提出的获得性遗传和环境对心理进化的作用。他说：“在有机体内通过单一方式和经常反复的经验而产生的结果，不断遗传给下一代。”(斯宾塞著《心理学原理》)心理发展到现在的样子，是因为它不得不对付种种特定的环境。由于特定环境的持续作用，使有机体在适应过程中获得新的机能，由机能而获得构造的变化而遗传给后代的。他认为机能对构造的这种影响，在有高度发展的神经肌肉系统的高等动物中意义极大。它是动物和人类的一切本能和智能动作发展进化的途径，也是一切有机体适应能力不断提高的途径。

斯宾塞还以获得性遗传的理论调和当时认识论上的经验论和先验论。例如时间和空间的观念，他认为这些观念在人类祖先是由经验习得的，以后遗传给后代，这是远祖的大脑受环境的持续作用引起结构上变化的结果。

在《心理学原理》中，斯宾塞还讨论了心理的构成，提出感觉（始于神经末梢）和情绪（起于中枢神经系统）是主观经验的单位即心理元素，此处他还加上“关系之感”、相继之感等。他认为感觉和情绪不能脱离关系之感，关系之感也不能脱离前两者而存在。这是由于他把三者都看作由神经振荡引起的状态，只能依据神经振荡的部位不同来区分，通过内省的心理分析是难以断定所谓的心理元素是否可以再做分析的，而复杂的心理就是这些状态之间的结合，由于结合力的大小不同构成了各种复杂的组合。其实，斯宾塞的这些说法，只是当时联想主义和心理元素主义的不同表达方式。以后，冯特的心理学也是在这种思想影响下考虑他的体系结构的，而美国詹姆斯则吸取了斯宾塞的心理适应思想，导致美国机能心理学的出现。

第四节

生物进化论视角的心理学：达尔文

达尔文（Darwin, 1809—1882）生长于一个自然科学工作者的家庭，他以毕生精力研究生物学。

与心理学有关的达尔文著作有《人类起源》(1871)、《人与动物的表情动作》(1872) 以及《一个婴儿的生活简史》(1877)。达尔文进化论中的心理发展观，可从两方面作些介绍。

达尔文的祖父伊拉思马斯·达尔文是一个博物学家并且支持进化论思想。他曾经说过：从动物的变化如由蝌蚪到蛙，由人工造成的改变如马、狗、羊的养育，气候与季节造成的变化，一切热血动物构造上重要的统一，使"我们得到的结论是他们同样为一个类似的活着纤维所造成"。拉马克就是吸收了这种思想提出获得性遗传结论的，1831—1836年达尔文跟一个探险队到南美洲沿岸探险。在这整整五年时间内，他搜集了许多标本带回整理。1838年10月，他因消遣偶然读到马尔萨斯(Malthus)的《人口论》，觉得自己长时间观察到的动植物生活情况，到处存在着生存竞争，因而感触很深。经过20年的努力，达尔文终于发表《物种起源》(1859)这部著作，标志着生物进化论正式问世。

一、关于种族心理的发生和发展

达尔文认为生物进化是有机体的构造和它的心理能力同时进行的，从低等生物的刺激感应性到人的意识的发生发展，是一种从低级向高级的进化过程。人类心理由动物心理进化而来，心理能力的发展是和有机体的头脑发展相适应逐渐进化的。人类和动物的精神差别，在于人类有语言能力、思维能力和数学推理能力，等等。不过他又认为，人类与动物的心理差别只有程度上的不同，并无性质上的差异。达尔文的这种思想对以后现代西方心理学中的人类心理生物学化提供了理论依据。

另外，达尔文曾经研究了动物和人类的表情及其进化。对人类和动物的心理有连续性提出了三条原理，即有用的习惯性联合原理，对立原理和神经系统的直接作用原理。达尔文认为，动物和人的表情动作是历史形成的。各种表情动作，例如愤怒时张牙露齿，恐怖时毛发竖直，心脏急跳等，对人类的动物祖先具有生物学的直接意义，这是在长期的生活过程中巩固下来的有用的习惯性联合。后来，这些表情动作因遗传保留在人类身上，用以表达某种情感。现在看来，人类的表情动作似乎天生，而在当时则可能是靠某种生活方式逐渐获得的。除了有用的习惯联合以外，还有彼此对立的表情动作，如悲哀与欢乐，敌视与友爱等，它们是服从对立原理的。达尔文还认为，由于神经系统的直接影响，动物和人在兴奋状态下的表情动作，会表现出强烈的不可控制的特点。

达尔文关于人类和动物的表情动作有连续性的研究，加强了他的生物进化论的证据。由此出发，他又研究了动物和人类的本能动作的连续性问题。

达尔文把本能确定为不依赖个体经验而按同一方式完成某种复杂形式的动作。例如鸟营巢、兽作窝、蜂酿蜜、动物的生殖与哺育等。他认为一切复杂奇异的本能都是经过自然选择逐渐形成的。那些有利于动物生存的本能变异保存下来，并经过无数世代的累积而成为复杂的本能。但是，达尔文把同情、合群、知羞耻、嫉妒、犹疑、感谢等看作人类和动物共同的本能，这就反映出他对人和动物不加区分的庸俗观点。

二、关于人类个体的心理发展

达尔文是最早长期观察婴儿心理发展的人。在观察中他发现，生后7天的婴儿已明显地表现出某些反射动作，如打喷嚏、打呵欠等。出生后9天，婴儿的双眼就能朝向烛光。但生活124天，婴儿还不能探索声源的方向。他观察到婴儿右手的动作比左手发展得早，双手和手腕的随意动作比身体和双脚的动作出现得早。他还发现，四个月的婴儿能开始发怒，而恐惧是婴儿的最早情绪表现。在生活的头几周内，任何突发的音响都使他发声。45天前后能见到婴儿微笑。它最早对母亲发出这种微笑。到第四个月能显露出倾听钢琴演奏的愿望，达尔文认为这是美感的最早表现。第十三个月，婴儿出现道德情感。

达尔文还发现，到第五个月，婴儿开始出现观念的联合，他认为这是婴儿心理发展的重要表现。到第七个月，幼儿就能把保姆和保姆的名字联合起来，这时幼儿听到喊保姆的名字，他就去寻找保姆。

总之，达尔文把生物进化和种系心理的发生发展联系起来，使心理进化的学说建立在牢固的科学基础上，这对心理学的发展具有划时代的意义。达尔文亲自研究了表情动作和本能活动来阐述他的进化论思想，对心理学研究人类意识的起源及其和动物心理的连续性问题，起到了直接示范的作用。他对婴儿心理的长期观察和记录开创了儿童心理学的先例。凡此种种使心理学进入一个崭新的发展阶段，其意义和影响是十分深远、广泛的。它使人们从发展的观点看待诸种心理现象和它们之间的联系和关系，促进了心理科学的诞生。然而，由于达尔文未能分清人类心理和动物心理的本质特点，也为人类心理生物学化开了先例，这对后来心理学的消极影响也不可轻视。

第五节

天生我材：高尔顿的遗传论

高尔顿是个遗传决定论者，1883 年创立了优生学。他的主要心理学著作有《遗传的天才》(1869)、《人类才能及其发展的探讨》(1883) 和《自然的遗传》(1889)。

达尔文的《物种起源》发表后，引起一场大论战。高尔顿研究心理遗传和个别差异同这场论战有着密切关系。

高尔顿（Galton, 1822—1911）是达尔文的姑表兄弟，因受达尔文进化论和斯宾塞心理进化的影响研究了心理遗传和意象的个别差异。他又首先应用统计方法研究心理学，并对联想进行实验。他还发明了多种心理实验仪器，如高尔顿汽笛和双针接触器等。

高尔顿在调查 1768—1868 年的英国首相、将军、文学家和科学家 977 人的家谱中发现，大多数名人出身于望族。因而他断定，天才是遗传的。他认为遗传力量超过环境的影响，除非有优越的天赋，即使一个人生长在最好的环境里，又肯努力奋斗，也不能成为名人。高尔顿还搜集了 80 对双生子的资料，用双生子比亲兄弟、亲姐妹更相像来证明心理遗传。他把这种遗传决定论思想扩充到种族差异作为说明黑人比白人智能低下的原因，并提出优生学即主张用人工选择改良人种。后来希特勒利用了这种优生学宣传大日耳曼主义，遗传学遂一度为人们唾弃！

高尔顿在研究个别差异时，主要用问答法研究意象。这种方法要求被试先确定一件事，如早餐。然后被试回想心目中出现餐桌上实物的意象：

1．鲜明程度怎样（同实物相比是模糊的还是清晰明了的）；

2．确定的程度怎样（同实物相比在大小、位置、间隔上是否同实际的一样）；

3．色彩（如瓷器、面包、菜、肉等的颜色是否都像自然状态那样鲜艳）。

高尔顿按各人回答的意象和感觉鲜明程度不同列出一条线（由0到100）。高尔顿发现，意象有很大的个别差异，有的人以视觉意象为主，有的人以听觉为主，有的人以肌肉运动觉为主。他认为，职业、年龄和性别与意象的差异有关。许多长于抽象思维的科学家往往缺乏视觉意象；而女子比男人、幼儿比老年人的意象要强一些。不过，他也发现，有些人在某种情况下毫无意象，甚至是知名的画家也说不出有视觉意象。高尔顿还发现了联觉现象，如“色—听”现象，即听到某一声音则某种颜色也在心目中出现，或者听到一个字母A，在意识中即出现黄色等。

高尔顿最早用内省法进行了自由联想实验。他用一张写有75个字的表，逐字挨个进行自由联想，记下每个字呈现后到联想产生的时间。然后对这些联想做分析。他发现，在75个字的自由联想中，想起的字多数属于儿童或少年期学会的。这种自由联想的实验方法，后来被冯特采纳，在莱比锡大学心理实验室进行实验。

高尔顿在研究心理遗传时，创造了一种数学统计的方法，在他研究个别差异时又进一步用相关系数（r）来表示遗传对心理差异的影响。从此，为心理学开辟了新的领域和研究方法。但是，高尔顿的这些影响和发展，并不是一帆风顺的。例如关于遗传学和智力测验的科学价值问题，至今仍有争论。这正表明心理学的发展道路是十分坎坷曲折的。

本章小结

这一章的特点是：第一，联想主义内部酝酿着心理学独立为科学的思想。贝因的心理学体系尝试就是一个明显的例子。第二，联想主义本身分化出学习心理的研究，随后和进化论思想结合，为动物心理学和学习心理学的出现播下种子。第三，达尔文的进化论使心理学增添了新内容，开辟了新的研究领域，如动物心理、儿童心理、个别差异和心理遗传等，关于心理发生学方面的研究也相继出现。第四，由于达尔文进化论中的发展观思想影响，使人们把心理现象作为过程，从一个大的体系进行研究和综合，促进了科学心理学的诞生。但是进化论的庸俗唯物论观点也对以后的心理学带来很大的消极影响，那就是使人的心理生物学化。然而，进化论的思想是逐渐扩大和深入影响心理学的，它的一些影响直到20世纪初才更加明显地发挥作用。这就是当时西方心理学中广为流行的机能心理学思潮。

SECTION 7 第七章

19th: Psychology of Consciousness in Germany
19 世纪：德国的意识心理学

后起的德国经过 18 世纪缓慢的发展，到 19 世纪 20 年代中期开始加快发展的步伐。19 世纪 50 年代，德国的资产阶级力量已相当强大，他们提出了社会变革和统一德国的要求。与此同时，德国无产阶级也开始登上政治舞台，并出现了局部地区的革命形势。所有这些情况，促进了德国的唯物主义和自然科学的发展。也就在 50 年代，德国各大学竞相建立实验室，出现了科学实验蔚然成风的局面。这一章主要从哲学心理学的发展方面介绍几位代表。

第一节

科学教育的奠基人：赫尔巴特

赫尔巴特（Herbart, 1776—1841）在中学时代已接触过沃尔夫和康德的著作。后来在瑞士当家庭教师时，结识了当时的教育家裴斯太洛齐（1746—1827），引起研究教育的兴趣。

赫尔巴特的哲学思想深受莱布尼茨和康德的思想传统影响，是多元的客观唯心论和不可知论者，著有《心理学教科书》(1816)、《作为根据经验、形而上学和数学的科学之心理学》(1824—1825)。他是热心争取心理学成为科学而从事研究工作的先驱之一。

在心理学中，赫尔巴特认为，意识内容由各种不同的观念组成，它们是灵魂实子活动的现象。心理学只能研究这些灵魂的现象——观念，灵魂本身是不可知的。意识中的观念随时进行着互相吸引、联结和排斥或抑制的活动，因而发生引力和斥力。意识中的观念如果彼此和谐则互相聚拢或结合，不和谐则相互排斥。这是由于一个人的意识不能同时注意两个观念，除非这两个观念因和谐形成了一个复杂观念。当一个观念占据了意识中心时，同它不和谐的观念就受到排斥，被迫退居到意识阈之下或进入无意识。不过，被抑制的观念仍在意识阈下继续活动着，一旦遇到意识中心的观念同它和谐，便又被吸引进入意识阈。所以，在赫尔巴特的心理学思想中，观念一旦形成是永远不会完全遗忘和消灭的。

赫尔巴特还认为，许多和谐的观念能联合成为一个强而有力的“统觉团”，它吸收和谐的材料，拒绝不和谐的材料。这样的统觉团越丰富，越系统就越能吸收新的观念，使新观念愈加明白地被理解。从以上这些，我们可以看到，赫尔巴特将德国传统的莱布尼茨和康德的思想同英国传统的经验联想主义融为一体了。实际上，这是一种意识经验的动力结构学说。这个学说以后为冯特、弗洛伊德和格式塔心理学派各自从不同的角度分别吸收和应用。

赫尔巴特按照他的关于观念相互斥引的学说，曾试图用数学来表示观念之间相互作用的关系。他假设：两个同时发生但强度不等的观念，如 a 和 b 相互抑制，设 b 观念损失的力 (d) 与其自身的比例为$\frac{d}{b}$，这个数值（$\frac{d}{b}$）就等于 a 对 b 的影响，即 a 与全意识力的比$\left(\frac{a}{a+b}\right)$相等。写成公式为$\frac{d}{b}=\frac{a}{a+b}$，移项得$d=\frac{ab}{a+b}$，从$d=\frac{ab}{a+b}$这个公式看，不论 a 或 b，谁大谁小，彼此抑制时都不会完全等于零。这就是说，不会把已形成的观念完全排除在意识之外。然而，赫尔巴特用数学表示心理活动的这种尝试由于缺乏事实经验的支持，是属于纯粹思辨推理的，最终失败了。但是，他能冲破康德设下的禁区，给后来的费希纳开了先例，这在心理学史上是值得一提的。不过，赫尔巴特一方面试图用数学表示心理规律，另一方面却认为观念是通过主体内省认识的，只能体验不能实验，心理学只是一种经验的科学不能成为实验科学。

赫尔巴特还认为，观念的结合有两种方式，即融合和复合。来自同一感官的观念如蓝和红可以融合为青色。来自不同感官的观念如声和色不能融合，只能凑在一起即复合。这是赫尔巴特企图克服英国联想心理学机械、被动思想做的努力。

赫尔巴特认为，心理学只通过经验研究观念的结合规律，不需要从生理方面入手，因为心理学不能是生理的科学。

从上面的简介中可以看出，赫尔巴特的心理学重点在于研究观念活动的规律，主张灵魂是单一的，超时空的。他反对官能心理学只停留在心理的分类研究上，而主张从事基本的心理能力及其活动规律的研究。他的这些主张使心理学的研究对象和任务比以前更加明确了。

最后，赫尔巴特把他的心理学应用于教育工作，提出儿童必须接受有规律的系统知识的教导，否则儿童的心智活动会陷于紊乱。他认为知觉、再现和统觉是主要的心理过程，教育工作要使学生有清晰的知觉、正确的再现和完满的统觉，这些是教师必须懂得的心理过程的规律。为此他把教学过程分为四个步骤：清楚、比较、系统和哲学的方法或应用。他认为，教育的目的在于发展个人的道德，要保证达到这一目的，必须经过训练、锻炼和教导。他认为，训练有两个任务：消极方面要抑制儿童的任性和野性，因而他提倡体罚；积极方面，要求注意儿童在智慧、道德和精神方面的发展。赫尔巴特指出，锻炼的作用要求指导儿童注意他的学习对象和巩固所学的结果。在教导的作用上不仅要求儿童获得技能技巧，而且还要锻炼他们学会观察事物及其关系，并能获得认识事物的原理的能力和鉴别美术上与道德上好坏的能力。

可见，赫尔巴特的教育心理学理论和他的意识经验心理学一样，其基本理论是用德国传统的意识主动性思想去克服英国传统的联想被动机械性，又用英国的经验心理学补充德国的思辨方法，而形成了他的意识经验心理学体系。虽然，由于赫尔巴特本人的形而上学方法，在这两方面的工作都未达到完满的效果，但是他的这种用心却为冯特仿效，最后出现了冯特的心理学体系。而他的意识阈学说和观念的冲突及其数学心理学对以后的心理学也产生了很大影响。

第二节

空间知觉的提出者：陆宰

陆宰 (Lotze) 是军医的儿子。他青年时也学医，大学毕业后曾行医一年，因他对理论工作有兴趣而改当教师，曾继任赫尔巴特所任大学的教授，著有《医学心理学或灵魂的生理学》(1852)、《心理学大纲讲演笔录》(1881)。

陆宰承认物质和灵魂的存在，心灵活动和物质活动互相引起而不相互依靠，心灵活动有自己的内部规律。但是，他认为心灵和脑，心灵和物质刺激的关系是不可知的。陆宰在心理学上的最大贡献是关于空间知觉的部位符号说。该学说认为，外界的刺激虽然有空间关系，而人直接得到的是特殊感觉，不是空间形式。他说，我们的皮肤上或眼睛里，无论哪一个点的感觉都有它自己的特殊性质。视觉上的每点性质决定于：

1．网膜上那个点对颜色的感受性；

2．网膜上那个点的明了度；

3．使中央小窝感到那个点所必须引起的运动。

当网膜上的不同点为同一光波刺激时，不发生不同的色觉，因为这一点同那一点所感觉到的红色是一样的。但网膜上不同点接受的刺激发生不同的眼肌动作，而使视线转到正对刺激物，又因为眼肌不止一条，不同的点引起不同强度的不同眼肌动作，使相邻点所引起的眼肌运动感觉的强度发生逐渐的变化，也就是网膜上相邻点的部位符号在逐渐变化，这种变化就形成空间知觉。这种已经形成的经验，使其中某一部位受到刺激时就引起一定的眼动趋势。有了这种趋势，即使一个网膜部位被刺激，我们也可以不动眼睛而知道刺激物的空间部位。对这个趋势的感觉，也就是这个被刺激的点的部位符号。陆宰还指出皮肤上的点的特殊性质决定于：

1．皮肤的厚薄；

2．皮肤的紧张程度；

3．皮下脂肪状况。

由于皮肤各点上有这三种不同的情况，因而每点都有其特殊的部位符号。人们依靠这些符号，用不同的运动去触摸它，或者去激起视觉看它。这就是说，人们的位置观念或宽广观念都是从部位符号发展来的。

陆宰的空间知觉学说是一种经验说，它和康德的空间形式先验说是针锋相对的。这个学说后来为赫尔姆霍茨 (Helmholtz) 接受并有所发挥。但是，陆宰在心理学史上的重要性不在于他的学说，而在于他所处的地位。他和斯图姆夫、G.E. 米勒 (Muller) 有师生关系，和布连塔诺、赫尔姆霍茨、费希纳往来密切，甚至是至交，彼此互相影响，使当时德国的心理学具有自己的特色，最后成为心理科学诞生的所在地。这和陆宰提倡生理心理学和实验研究多少是有关系的。

第三节

唯意志论与心理学：叔本华与尼采

从 19 世纪 50 年代开始发展的德国，不久就一跃成为世界强国之一，在经济和科学方面都赶上或超过英、法，像在生理学、心理学上则处领先地位。由此鼓励了后起的德国和一些老牌资本主义国家进行激烈竞争。而那些代表贵族地主的旧势力，在提倡强权政治以夺取殖民地经济、重新分割世界市场时，感到悲观失望。他们公开拒绝科学，宣扬神秘主义的唯意志论。叔本华和尼采就是这种理论的主要代表。

一、叔本华的意志心理学思想

叔本华（1788—1860）的哲学早在19世纪上半期就已出现，只是到了下半期才广泛传开。叔本华是当时德国地主贵族没落思想的代表。在哲学上，他放弃康德思想中唯物论的方面，发展了唯心论的先验论，并用意志取代康德的“物自体”。1818年叔本华出版《作为意志和表象的世界》。在这本书中他声称：我们生活的世界是一种纯粹表象（现象），它的实体就是康德说的物自体即意志（力）。现象世界是观念（表象）的，而真实世界是意志（非理性的力）。这就是叔本华唯意志论的基本观点。

在心理学上，叔本华把性本能看作心理动力。他认为，人由非理性的性本能驱力起主要作用，因而和理性冲突。他认为控制自然现象的现实的力是一种非理性的力，在人身上以本能的力量形式起作用，本能是非理性的内驱力，它不关心个人的生存，而仅仅关心种族，因此，个人不再有生活的欲望，代替的是非理性的性的内驱力。

性的内驱力和理智是抵触的，因抵触引起的冲突使人产生痛苦、空虚和悲观失望等，只能依靠文饰作用的机制才又产生理智。但是由于本能驱力和理智冲突使个人处在需要（痛苦的）状态或受折磨中，得不到本能的满足，只有重复的强迫感，这就使得个人由他的意志奋斗而得到满足后再重新奋斗，以至永无止境。叔本华宣称，由于满足的缺乏是痛苦的，这就长期为新的愿望、抑郁、厌倦折磨而感到空虚。人类为了逃避这种困境，它的唯一出路就是“升华”。升华是佛家语，也叫“涅槃”或“圆寂”，有死后归天的意思。所以叔本华是个悲观主义者。他还把升华看作借助于音乐、诗歌，甚或在同情的爱中来逃避非理性的本能力量或者借以得到安慰，因为这些活动对意志有一种镇静作用。叔本华在《作为意志和表象的世界》中写到：所有这些都带来了主观的美学上的愉快作用。这就是说，这种愉快作用就只包含在像知觉认识的范围内，它和意志是对立的。因为和愉快直接联系，自然要按心灵的倾向或结构做出解释。这种解释就叫作“升华”。我们以后将会看到，叔本华的文饰作用、升华等术语曾为弗洛伊德所用。

二、尼采的求权意志

尼采（1844—1900）受叔本华的直接影响，发展了叔本华神秘主义的唯意志论，是法西斯思想的先驱。

尼采宣传“求权意志”，认为追求权力，要求统治和奴役他人的意志是决定一切的力量。权力意志分化为追求食物的意志，追求财产的意志，追求工具的意志，追求奴仆（听命者）和主子的意志。他鼓吹坚强的意志指挥软弱的意志。

尼采还提倡“超人”哲学，认为一个充实的、雄厚的、伟大的、完全的人，要胜过无数残缺不全、鸡毛蒜皮的人，少数“超人”应该统治和奴役“群氓”，高贵的民族有统治其他种族的历史使命。可见，他宣扬的完全是一种法西斯独裁和侵略战争的反动哲学。

在心理学上，尼采不同意叔本华说的本能受到抑制的说法。他认为本能是生命给予的，应当使其充分发泄，而永不应受到抑制。他认为在感受和发泄强权意志时的体验是一种健康的享受。他反对道德约束，鼓吹强权和个人发泄，认为凡对强者怨恨的人，应使其尽情发泄，那就不会再进行伤害的事。尼采的这些思想，后来为精神分析学派中的阿德勒所接受，形成一种个体心理学。

本章小结

这一章我们介绍了四位人物，他们分别代表了 19 世纪德国社会不同时期的哲学和心理学思想。这说明心理学在未成为真正成熟的科学之前，心理学思想的起伏多变是经常的现象。另外，某种哲学对心理学的影响不是立刻见效的，它必须经过一段时期，到条件成熟才有所表现。叔本华和尼采的思想都是如此。

哲学心理学时期小结

到此为止，欧洲哲学心理学的发展史已大体讲完，接下来即转入第三篇关于实验心理学诞生的篇章。因此有必要对以上所讲做一简短的总结。

第一，我们看到了自古希腊罗马开始至 19 世纪中叶。欧洲心理学是在各种社会历史条件下的哲学和医学以及其他自然科学推动下，缓慢地发展起来的，它们互相交错着一步一步地前进。从古代人关于灵魂的讨论开始，到近代人讨论感觉经验和知觉统觉至意识经验心理学，有明显的阶段性，但又不是截然分开的。西方心理学史的发展是一个历史阶段性和思想连续性的辩证统一过程。

第二，每一阶段都有一个中心问题，围绕这个中心问题还有一些主要问题。随着中心问题的深入研究，某些主要问题也就讨论得更加细致，等到积累了一定数量的材料，就会出现某一思想体系。这就是说，思想的发展和材料的积累既是互相促进的，同时各种思想体系之间的某些成分也是互相吸收的。这就形成了思想体系、事实材料和局部概念三者互相交织地推动着心理学整体的发展。

第三，每一时期除了有一中心问题的主要思想外，也还有其他思想相伴随。例如17世纪初围绕着人心、人的观念是天赋的还是经验的这一中心问题，除了洛克提出感觉经验论反对笛卡儿的天赋观念和莱布尼茨提出唯理论来反批判外，还出现了笛卡儿的人体是自动机和莱布尼茨的能动的统觉学说。这三种思想的互相消长，互相吸收，互相促进，左右着17、18和19世纪欧洲心理学的历史进程。不久，我们就看到这三条思想线索构成了冯特心理学体系，因此可以说，欧洲的哲学心理学思想发展史，在某种意义上也是心理学成为独立科学的思想准备史。这就是说，心理科学的思想准备整整花了2500多年，表明了心理学工作的复杂性和艰巨性。

第四，心理学独立成为科学，意味着心理学脱离它的母体——哲学，这个过程实际上很早就开始了。公元前4世纪亚里士多德的《论灵魂》，实质上是一本心理学的著作（马克思语）。心理学之所以发展缓慢，独立成为科学的时间比其他科学晚，一方面是由于它同意识形态的斗争十分密切；另一方面是由于心理现象复杂和哲学中的讨论课题如认识论不易划清界限，因而两者混在一起纠缠不已。一些唯心论者就利用心理学上正确的意见、观点和事实材料取代认识论的结论。例如贝克莱利用深度知觉是一种经验的心理学结论，扩充为“存在即被感知”的主观唯心论观点，休谟用习惯否认客观的因果关系等。因此可以这样说，心理学的发展史既是哲学思想发展史，也是心理科学知识积累的认识史两者矛盾对立的统一。统一的结果是心理学吸收了某一哲学观点作为自己的基本理论去观察、分析和概括综合现成的知识材料，所以直到现在的各种心理学，不管是否作为学派，都还存在着或多或少的哲学气息，尤其是新旧思想交替的时候。

最后，心理学脱离哲学，是从它和认识论划分界限开始的，这应归功于英国的联想主义，也归功于洛克。洛克的感觉经验论和观念的联合即联想，是哲学认真讨论认识论的开始，也是心理学和哲学认识论划分界限的开始。心理学认识到自己的研究对象就是由于感觉类别的增加、知觉材料的积累和深入研究以及联想规律的不断发现的结果。因此，在韦伯、费希纳以至冯特寻找到实验方法以前，心理学的研究对象已基本明确。实验方法只是认识到其对象必须应用这种方法的结果，是先有对象后有方法，对象决定方法，而不是相反。所以到了 19 世纪中叶，一切条件基本具备之时，也就是心理科学诞生之日。于是，本书也就转入第三篇，实验心理学的诞生时期。

CHAPTER 3
第三篇

The late modern stage
Emergency of Experimental Psychology

近代末期
实 验 心 理 学 的 诞 生

19 世纪后半期，西欧各国的资本主义制度普遍由巩固开始转向衰退，但自然科学还在迅速发展。

心理学同其他科学一样，有它自己的发展规律，一旦条件成熟，就会因历史的必然性以科学的形式出现。这些条件在当时来说，已表现在以下几方面：

第一，近代欧洲的心理学思想已在哲学内部酝酿成熟，要求脱离哲学母体成为独立科学的呼声日益高涨。当时已有许多人把意识经验作为心理学的研究对象，用“心理学”作为书名等，这表明人们在思想上的准备相当充分了。

第二，19 世纪中叶以后，达尔文的生物进化论思想广为传播，受到影响的各门科学工作者都改变了以前观察事物的观点和研究方法。他们学会从事物的互相联系和发展来观察现象、分析事实和研究问题，将已有的资料系统化，独立的科学纷纷出现。当时的植物学、动物学、生理学等都先后成为独立科学。心理学比较落后，但在 19 世纪后半期也已准备好条件，不少人已在经营心理学体系了。早在 1816 年赫尔巴特就出版了心理学教科书。1855 年和 1859 年贝因相继出版《感觉与理智》和《情绪与意志》。斯宾塞于 1855 年发表的《心理学原理》，不仅在英国传播，而且被美国的詹姆斯采纳作为教科书。

第三，在神经系统生理学和感官生理学，自 19 世纪以来也已经为心理学的有关知识做好准备。感官生理心理学和心理物理学的研究还在实验方法上为心理学的实验做好准备工作。

由于以上种种情况和条件，促使当时许多科学家都对心理学发生兴趣，其中包括生理学家、生物学家和物理学家，以及一般的自然科学家和哲学家、教育家，如约翰内斯 · 缪勒 (Muller)、赫尔姆霍茨、韦伯、费希纳、马赫和俄国的谢切诺夫 (Sechenov) 等。我们只要翻阅列宁于 1908 年出版的《唯物主义与经验批判主义》，其中被指名批判或受到肯定的人物中，就有不少是研究过心理学，或者用心理学知识为其理论辩护的。他们之中的不少人在哲学上是唯心论者，但由于长期从事科学研究又往往有自发的唯物论倾向。冯特本人研究过医学和生理学，特别是在前期有一定的唯物论思想倾向。这就为他创立实验心理学提供了思想和技术以及科学知识上的良好条件。

艾宾浩斯

人的遗忘规律是先遗忘得快，以后逐渐缓慢下来。一定数量的材料分配到几天之内学习，比集中一天学习的效率要高。

比内

心理学不应当像过去那样只研究那些细小的碎片的心理元素，而应当面对重大复杂的对象。

布连塔诺

没有思维的客体就没有思想，没有愿望的客体就没有欲望；在爱的动作中是被爱的东西，在恨的动作中是被恨的东西。

费希纳

物与心的关系就像一个圆圈的外面和内面的关系，比较强的刺激要从物质世界走入心灵世界所遭受的损失，就犹如货物通过海关必须缴纳的通行税。通过的刺激量越多，损失的比值也越大。

冯特

一块石头，一株植物，一丝声音，一束光线，当作自然现象来对待时，它们是矿物学、植物学、动物学等科学的对象。然而，它们同时又都是观念，它们是心理学的对象。

赫尔姆霍茨

客观事物千变万化，我们感觉到的仅仅是事物的现象，是外物的符号或象征，不能认识外物的真正性质。

屈尔佩

心理学的对象有两项：心理动作或机能和心理内容。内容是内在经验，动作是心灵的活动或机能，它们既不是客观现实的反映，也不是脑的机能，是没有物质基础的东西。

斯图姆夫

心理学应该研究心理机能，不研究感觉印象（即内容），因为内容属于现象学的研究对象。但有时机能和内容是不可分地各自独立存在于经验中的。

韦伯

辨别皮肤上两点的是心灵的作用，是一种知觉。由于身体上不同部位的皮肤表层分布着的神经末梢密度不同，因而心灵对身体上不同的两点阈的感觉是不同的。

沃德

心理学不是生理学，也不是认识论，心理学是研究主体的经验的。经验的材料虽然来自外界，但组织材料的却是主体的活动。

约翰内斯·缪勒

虽然一切感觉也可以由外来原因引起，可是这些外因并不能够对这种感觉的本身增加任何成分。

SECTION8 第八章

19th Europe: Nervous system physiology and Sensory physiological psychology
19 世纪欧洲：神经系统生理学和感官生理心理学

心理学是一门综合性的科学，它和几种邻近科学关系密切。历史已经证明，生理学不仅为心理学确定研究对象提供物质基础即生理机制的知识，还为初创时期的心理科学准备好实验研究的方法。生理学和心理学关系如此密切，以至于人们称它们为姐妹科学。到了 19 世纪 30 年代，生理学已成为独立的科学，它在神经系统生理学和感觉器官生理学上已为心理学准备好作为科学所必备的自然科学知识和研究手段。科学心理学的诞生，也就指日可待了。这一章主要介绍 19 世纪欧洲生理学在这两方面的一般状况。

第一节

世界上最精密的仪器：大脑

早在 1628 年哈维（Harvey, 1578—1657）发现血液循环，奠定了生理学实验研究的基础之后，到了 19 世纪初人们在有机体个别器官和神经系统的研究上也都有了很大的成就。这时的研究方法也已相当进步，除活体解剖和离体解剖外，还研究生物电和曲线描记法。

在 19 世纪内，关于神经系统生理学的研究可以列出以下一些重要的发现和成就。1811 年开始，英国人贝尔（Bell, 1774—1842）和法国人马戎第（Magendie, 1783—1855）先后发现了通过脊髓前根的是运动神经，后根是感觉神经。这就是神经机能两分法的贝尔 – 马戎第法则。这个法则为神经单向传导、感官神经的特殊能力说和反射概念的理解提供了基础知识。

19 世纪笛卡儿已提到关于反射的思想，但直到 1776 年阿斯特鲁克 (Astruc) 才提出“反射”(Reflex) 这个词。他把反射分为感觉神经、中枢神经低级部位和运动三个部分，指出随意动作和反射动作的区别。到了 19 世纪，约翰内斯 · 缪勒把反射概念引进生理学体系，认为反射动作也通过大脑，只是在大脑里不起什么作用（1862 年谢切诺夫证实反射动作也适用于大脑机能，但对当时的西方学术界未产生影响）。1850 年赫尔姆霍茨第一次用蛙的运动神经测量神经的传导速度，纠正了过去认为神经运动速度不可测量的错误看法。

到 18 世纪末，脑是心理器官的看法已为一般人所接受。但关于脑与心理之间的具体关系问题还是从 19 世纪才开始研究的。约在 19 世纪 20 年代，应用显微镜以及用化学方法硬化组织、切片染色等新技术研究大脑，发现脑组织有白质和灰质以及神经纤维的网状组织和“突触”，从而提出了神经元学说和大脑机能分区学说等。

约在 1809 年前后，意大利人洛兰图（Rolando, 1770—1831）曾提出神经系统分工的假设，但是他把感觉看作是延髓的机能，大脑活动是纤维的活动，不是白质和灰质的活动。1824 年法国人弗卢龙（Flourens, 1794—1867）用局部割除法的实验发现，延髓是生命中枢，小脑调节身体运动。他认为，心理活动的机能在脑叶，提出了大脑机能统一说，反对传统的大脑机能分区说。

关于大脑分区学说，在 18 世纪末有颅相学者加尔（Gall）及其学生施普茨海姆宣传脑的各部分都有特殊机能。他们按头颅的形状把脑的心理机能分成 37 区，声言观察人的头颅形状，就可以断定他的心理品质和道德面貌。例如，额突被认为是贪的符号；扒手多数是额突的等。当时的科学家们并没有接受这种怪论，但这种说法却促进了对大脑机能定位问题的研究。1861 年法国人布洛卡（Broca, 1824—1880）发现脑的第三前额回的基部是言语中枢。根据这一发现，布洛卡提出了和弗卢龙相反的意见，认为脑是由相当于心灵机能的各部分组成的。这样一来又引起了关于大脑机能的统一说和分区说的争论。这个争论直到现在。1870 年德国人弗里舒 (Fritsch) 和希齐威 (Hitzig) 第一次用生理学方法，即用电刺激完整的脑，发现了运动中枢。从此之后，这样的实验风行一时。1881 年门克 (Munk) 发现后脑叶为视觉中枢。1900 年以后，有人发现触觉中枢在运动区后面。与此同时，许多实验发现，皮质上有一大块区域不能因刺激引起运动反应，于是科学家们认为这是感觉区域，从而引起了研究感觉的兴趣。

第二节

感觉是什么

感官生理心理学的研究，实际上是实验心理学的开始。引起研究感官生理心理学的原因有三：(1) 17 世纪感觉经验论同唯理论之间的争论，18 世纪转到感觉和联想方面的问题，特别关于感觉是什么和它的来源怎样引起人们对感觉发生兴趣；(2) 在上一节提到，生理学家发现脑中有一块区域可能是感觉机能所在，也是人们有兴趣研究感官生理心理学的原因；(3) 自牛顿以来，光学的研究进步很快，其中涉及视觉的问题很多。基于这三方面的原因，生理学家和心理学家开始了对感官生理心理学进行实验，并且有了许多发现。下面只列举几种比较重要的事实为例。

在视觉方面，发现了棒体细胞和椎体细胞，光的反映在网膜中心和边缘是不同的；发现了盲点、色盲、色混合、视后象等眼的各种现象。在研究技术上创造了实体镜，理论上提出了色觉学说等。

在听觉方面，发现了耳的某些构造，测定声波的频率，提出了听觉共鸣说。

在皮肤感觉研究上做了分类，如压觉、温觉和冷觉等在接触皮肤的感觉上做了测量为以后心理物理学的开端。当时还发现味蕾和鼻黏膜是味觉和嗅觉的器官，也对它们的刺激物做了分类的实验研究。

这个时期研究的特点是：

1. 研究方法不停留在思辨上，开始了科学实验；
2. 研究的广度和深度都比 18 世纪有很大的进步，为心理学开辟了一条崭新的研究道路。

但是，这一时期的研究还存在以下的明显缺点。例如，各种感觉是被孤立起来研究的，它把外围器官、神经系统和脑之间的联系割裂开了。不少科学家虽然有自发的唯物主义思想倾向，但由于康德、休谟和实证论的思想影响，只研究一些支离破碎的表面现象，只停留在现象学和不可知论的立场，其中有些人还受到当时流行的唯能论的影响，出现了生理学中的唯心主义。关于这些情况下面即将谈到。

第三节

生理学之父：约翰内斯·缪勒

约翰内斯·缪勒（1801—1858）是制鞋工人的儿子，原学医，后来是波恩大学和柏林大学的生理学教授，对生理学成为科学做出了杰出贡献，西方生理学史上称他为生理学之父。

缪勒受康德不可知论的影响，也有唯能论的思想。1825 年他发表了一篇题为《视感官的比较生理》论文，提出了感官神经的特殊能力说。1838 年，他在《人类生理学手册》中又做了较详细的解释。这部著作共八卷，除讲神经特殊能力说外，还讨论了反射动作、语言、感觉、联想、记忆、想象和思维等与心理有关的问题。只是这些问题都谈得比较一般，不如感官神经特殊能力说的影响大。

缪勒提出了八条“通则”来解说他的神经特殊能力说。这些原则可以归纳为以下三点基本思想：

1. 每一感官都有和它相适应的刺激，一定的刺激引起一定感官的特殊感觉，彼此不能互相替代。
2. 同一刺激作用于不同的感官引起不同的感觉。
3. 不同的刺激作用于同一感官引起同一感觉。

以上的事实是正确的。但是缪勒说：“虽然所有这些感觉也可以由外来原因引起，可是这些外因并不能够对于这种感觉的本身增加任何成分。所以触觉神经的感觉是这些神经本有的状态或性质，外部或内部原因只是把它披露出来罢了。”又说：“一个外界原因的作用，经由神经的传导而影响脑部感觉中枢，感觉就是这个中枢得到的关于感觉神经自身（并非外物的）某些性质或状态的知识，这些性质的能力。”（B. 蓝德编，唐钺译《西方心理学家文选》）外因到底起了什么作用呢？缪勒认为外物的作用就在引起神经的物理、化学的变化。由于这种变化引起各种感官神经的特殊能力，感觉就是对这种特殊能力的感觉，而不是任何其他的东西。他说：“我们感官知觉的直接对象只是在神经内引起而被神经自身或感觉中枢认为感觉的特殊状态……各感官这样得来的关于外物的知识，每个感官不同，与它的神经的性质或能力有一种关系。”显然，在缪勒的思想中有个不可解的谜，那就是外界的物质作用与感官神经的物质变化怎么能引起心理感觉的产生呢？在缪勒看来，物质的变化只是物质化学的变化，而这种变化是不会产生心理现象的，因此，事实上的所谓感觉，只能说是神经本身所固有的。这种固有的精确的东西，他就叫作神经的特殊能力。不难看出，神经特殊能力说，是从唯能论的观点不把感觉看作物质属性相互作用的反映，而是作为神经自身固有的心理能力。

应该指出，缪勒之所以做出错误的结论，是因为他将在唯物论的认识论看来还需要进一步证明的心理事实径直地得出认识论的结论。有机体的每种感官神经有其特殊的机能，这是生物进化中长期适应环境的结果，绝不是神经天赋固有的。缪勒不去进一步求证外界作用长期影响机体是产生感官神经特殊能力的原因，是他得出错误结论的根本原因所在。

第四节

赫尔姆霍茨的感知觉研究

赫尔姆霍茨（1821—1894）是缪勒的学生和缪勒柏林大学教授讲座的直接继承人。赫尔姆霍茨把缪勒的感官神经特殊能力说比作牛顿发现的万有引力定律那样，具有同等巨大的科学价值。他在许多方面应用并发展了缪勒的见解。

赫尔姆霍茨出生于一位中学教师的家庭。他自幼爱好物理学和数学，年轻时学医，在物理学、生理学和心理学上都有很大贡献。1847 年他发表了关于能量转化的论文，1850 年测量了神经传导速度和反应时间。

赫尔姆霍茨在心理学领域做了许多有价值的研究，也提出了一些心理学的理论假设。

首先，在感觉心理上，赫尔姆霍茨承认客观世界的存在，承认感觉是由客观事物引起并能正确地反映这些事物属性的。不过，他认为客观事物千变万化，我们感觉到的仅仅是事物的现象，是外物的符号或象征，不能认识外物的真正性质。

在讨论知觉时，赫尔姆霍茨提出了“无意识推理”这一术语。他认为在知觉中有许多不能直接经验到的刺激，但却根据以往的经验附加在知觉上。他认为这种心理活动既是无意识的又是由“推理”归纳得来的。“或许可以说，通常知觉的精神动作乃是无意识的推理，因此，它和普通所谓的有意识的推理之间形成一种区别。的确，在这里存在着或者永远存在着对这两种精神活力相类似的可疑情况，但是不能怀疑这种无意识的推理和有意识的推理是类似的。”（引自W.Dennis著《心理学史读物》，英文版）例如，天文学家根据光学原理，估计星体在空间中的位置和它与地球的距离，这是有意识的推理。但是，从视觉活动本身说，缺乏这种光学知识，它的心理过程和天文学家观察星体时是相似的，也是一种推理，只是它是非有意识的推理。赫尔姆霍茨和联想主义者一样，认为这些推理本来是有意识的，只因为多次重复和联想逐渐变为无意识的。因此，他认为这种无意识的推理可由经验得来，也可以由经验去之，比如视错觉就可以用学习来纠正。后来巴甫洛夫说，所谓无意识的推理就是条件反射。

赫尔姆霍茨在他的《生理光学手册》（1856—1867）和《乐音感觉论》（1863）中分别提出了色觉学说和听觉学说。在这两种学说里，他发展了缪勒的感官神经特殊能力说，认为每种感官中都有不同作用的神经纤维，这就是现在普通心理学教科书中还在沿用的赫尔姆霍茨的三色学说和共鸣学说。他认为视网膜内有三种不同的神经纤维，一种引起红色感觉，一种引起绿色感觉，另一种引起蓝色感觉。因不同刺激按比例混合引起种种不同的颜色感觉。同理，内耳的基底膜由于各种不同的纤维接受各种不同音高声波的振动引起种种听觉。实际上，这就是神经特殊能力说在同一感官中的推广和应用。

在这里附带说一说和赫尔姆霍茨的意见对立的黑林（Hering）的色

觉学说。

黑林，原学医，后来是生理学教授。他的主要研究也在感知觉方面。他和赫尔姆霍茨的观点不同。赫尔姆霍茨用经验论解释空间知觉，他则用视网膜上生来就有的三个部位标记来解释。他认为形成空间知觉的上下左右和远近的部位标记是视网膜固有的，而赫尔姆霍茨则认为是必须学习的。在色觉学说上，赫尔姆霍茨认为基本色有三种，每色有特殊的感觉纤维。黑林则认为有六种基本色，但视网膜上只有三种物质即红绿质、黄蓝质和黑白质。这三种物质受刺激后各自能产生两种作用即同化或异化。例如，红绿质受红光因异化（分解）产生红色感觉，受绿光因同化（合成）则产生绿色感觉。以此类推。黑林的这个学说能解释颜色对比和后象等，但不能说明色盲。

赫尔姆霍茨对视感官机制的研究也有很大贡献。他提出外眼肌在两眼辐合时的作用和晶状体对远近知觉的调节作用。在听觉方面提出音色的成音、和音与差音。关于这些学说和事实的具体内容，在普通心理学和实验心理学的课程内都有介绍，这里从略了。至于这些学说中的主要缺点是没有考虑到大脑皮层在色觉和听觉中的作用，所以被称为外围论。

本章小结

本章提到的 19 世纪欧洲感官生理心理学和神经系统生理学有以下特点：第一，普遍存在着分析主义方法和二元论的思想观点，出现了生理学中的唯心主义。这是和当时欧洲流行的不可知论和唯能论的思潮有关。第二，在实验方法上采用急性实验和离体实验，当然也已应用了保持有机体完整的电刺激法，但应用得比较晚一些。第三，不少科学家虽然受康德的不可知论的影响，可是由于他们有自发的唯物主义倾向，却取得不小的研究成果，赫尔姆霍茨就是一位杰出的代表。他们的特点是往往用心理学上的零星的正确的知识和事实去代替需要通过认识论的全部认识过程研究才能得到的正确结果，因而得出唯心的错误结论。例如，每种感官对特定刺激作出特殊感觉的反应，那是生物机体长期进化的结果，是动物感官对特定刺激长期适应的产物。所谓的感官神经特殊能力正是感觉的物质基础——感官神经的机能属性。动物也正因为有了这种机能才能产生辨别事物属性的感觉做出驱避动作以适应环境，维持生存。所以，感官神经的特殊能力完全可以从主客观的相互作用，用结构和机能的统一来解释清楚的。然而，由于缪勒受唯能论的影响，对身心关系持二元论的立场，否认了身心因果关系的可认识性，因而排除了上述正确解释的可能和前提，却把生理心理上的事实去直接代替还必须进一步求证的认识论问题的答案，这就得出了错误的唯心论的结论，使正确的心理事实成为不可知论的殉葬品。缪勒在神经特殊能力说上如此，赫尔姆霍茨在感觉符号论上也是如此。下一章我们即将讲到的费希纳亦如此。但是，必须指出，这些科学家在理论上的错误，绝不能因此否认他们在科学实践上的成就和历史贡献。

SECTION9 第九章

Emergence of psychophysics and experimental psychology 心理物理学和实验心理学的兴起

心理物理学和实验心理学先后诞生于 19 世纪的德国。所谓实验心理学，就是把感官生理心理学和心理物理学的实验方法纳入心理学的实验室实验范围内。感官生理心理学研究感知觉的生理机制，心理物理学研究心理量和物理刺激量之间的关系。实验心理学是区别于思辨的经验心理学的总称，是一种以科学实验形式为特点的心理学体系。它不只是研究方法上的问题。不过，组成这个体系的资料并不全都为实验证实的，不少资料是在简单的实验基础上推理得来，而且主要是感知觉方面的实验资料。这样的体系具有科学形式，也能用来为唯心论观点辩护，费希纳研究心理物理学的实际目的就是如此，只是他的实验有助于心理学发展。

第一节

感觉不是绝对的：韦伯和费希纳的心理物理学

将韦伯与费希纳并列，不仅由于他们之间的心理学研究领域相同，还由于他们的主要工作是连续不可分的。

一、韦伯

韦伯是德国莱比锡大学的生理学家和解剖学家，他在心理学上的主要贡献是首创实验测量和用数学公式表示感觉的差别阈限值。1834年韦伯发表《论触觉：解剖和生理的解释》，1848年又发表《触觉与一般感觉》。韦伯对于感觉研究的贡献，有以下几方面。

当时人们把触觉和一般感觉混淆，韦伯认为，触觉属于皮肤即温觉和压觉，位置感觉是依靠它们引起的。在用手掂重的实验中，韦伯发现对于重量的判断，肌肉感觉的冲动比触觉更重要。后来，他用两套不同重量的砝码做比较实验时发现，标准刺激与比较刺激的比重是29:30，即1/30才刚刚觉察到差别；如果用手掂即肌肉感觉参加，它们的比重是39:40，即1/40就能刚刚觉察到差别，发现刚刚觉察到的差异阈限值是个分数。

此外，韦伯还用两脚规做仪器进行身体上各部分皮肤的两点阈限的差别感觉实验和测量。他先用圆规的一个尖端同两个尖端交错着接触被试的各部分皮肤，然后一点点扩大两点之间的距离，让被试者把感到从一点到两点的距离感觉报告出来。韦伯把刚刚感到一点或两点的距离感觉叫作阈限，或者差别阈限。不过，韦伯认为，感觉只有强度和性质两种属性。而辨别皮肤上两点的是心灵的作用，是一种知觉。由于身体上不同部位的皮肤表层分布着的神经末梢密度不同，因而心灵对身体上不同的两点阈的感觉是不同的。他的实验结果是从手指尖沿手掌往上至手腕、肩头的两点阈限越来越大；指尖、舌尖最小，唇上就稍大一些。他还发现差别阈限存在着个体差异，而且在同一个人身上的同一区域，也不是绝对相同的。

韦伯通过以上实验，得出结论说："观察彼此对象间的差异之时，我们所感觉到的不是绝对的差别，乃是相对的差别，这是在几种感官内都曾经证实的观察。"又说："我们把两件东西比较而观察其差别时，我们并不是看到两件东西的差异，所看到的乃是这个差异对于所比较的东西的分量之比。"或者说，为了产生最小觉差，一个刺激必须增加它本身数值的一个常定的分数或称常数，写成公式为：$\frac{\Delta I}{I}=K$（常数）。公式里的 I 表示刺激强度，ΔI 表示刚刚能够引起"较强"报告的刺激增加量。这就是通常说的韦伯定律。它表明各种感觉对中等强度的刺激来说是一个相当稳定的常数。例如掂重是 0.025，亮度为 0.016，响度 0.33，两线长短为 1%—2% 等。后来费希纳把韦伯的定律改写成"刺激的均等的相对增加量，与感觉的均等的绝对增加量成比例"（B. 蓝德编，唐钺译《西方心理学家文选》）。

关于其他感觉的实验研究，韦伯认为刺激物的温度，是通过皮肤上的温度上升或下降才感到的。如果温度变化很缓慢，皮肤的温度虽然也在上升或下降，我们就感觉不到。他认为温度如视觉有明暗适应一样，它们都有适应性和习惯性。韦伯的解释澄清了洛克遗留下的思想混乱，指出温觉主观性中存在着物质变化的客观原因，即感官或机体的适应性。在温觉和压觉的关系上，韦伯用德币做了实验。实验的结论是：冷的物体似乎较重于同分量的热的物体。实验很简单，用同样的德币一枚从冷水取出，另一枚从热水取出，放在被试的前额上。被试者感到冷的德币重些。这是为什么，韦伯只发现这现象，并未做出解释，但实验证明了温觉和压觉是有区别的。

总之，韦伯开创了引人入胜的心理学实验。韦伯在他的《触觉与一般感觉》一文中也说道，这些测量“是个耐人寻味的心理学问题”。费希纳就是继承了韦伯的工作建立起心理物理学的。

二、费希纳

费希纳（1801—1887）是德国莱比锡大学的物理学家和哲学家，心理物理学的创始人，实验心理学的奠基人之一。1860年他出版的《心理物理学纲要》为科学心理学的建立做出贡献。

■ 心理物理学

费希纳把心理物理学定义为：“讨论心物之函数的关系或相互关系的正确的科学。”他认为，感觉本身虽然不能测量，但是感觉是由一定量的刺激引起的，通过测量刺激强度就可以间接地测量感觉。只要解决了刺激和感觉之间的关系问题，就可能进一步研究心物关系问题。例如，1个铃的声音加上1个铃的声音，比10个铃的声音加上1个铃声，

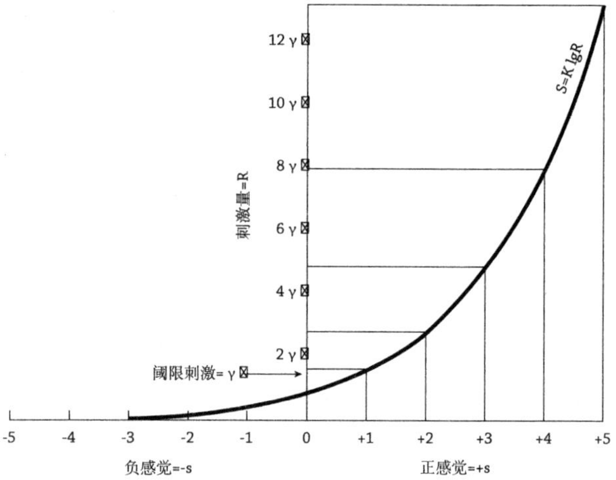

[9-1] 费希纳公式：S=KlgR的示意图
（转引自 *E.G.Boring:A History of Experimental Psychology*, 1950. P. 290）

虽然都只是加 1 个铃的声音，但听起来前者所增加的声音比后者大。10 支烛光和 1 支烛光，各加 1 支烛光，看起来也是后者的亮光增加得多些。所以，他认为刺激的增加和感觉的增加，不是绝对的，而是相对的。

费希纳把物与心的关系比喻为一个圆圈的外面和里面的关系，比较强的刺激要从物质世界走入心灵世界所遭受的损失，就犹如货物通过海关必须缴纳的通行税。通过的刺激量越多，损失的比值也就越大。这可以用数学公式表示。如前所述，他把韦伯定律说成“刺激的均等的相对增加量，与感觉的均等的绝对增加成比例”，写成公式为$\frac{dR}{R}=C$（R= 标准刺激，C= 常数，dR 等于必须增加才可觉察与 R 有所区别的刺激）。然后，他进一步推论说，感觉随着刺激的对数而变化，写成公式是：S=KlgR（S= 感觉量，R= 刺激量，K 为常数）。意思是，刺激作为几何级数增加时，感觉作算术级数增加（见 [9-1]）。从图示可以看出，纵坐标的感觉以等距离的算术级数递增，而它的垂直线代表着刺激量 R，是按几何级数（倍数）增加的。不过，从图示中可以看出，出现了负感觉。在当时负感觉即阈限下的无意识是不被人们承认的。

这样一来，费希纳的定律和公式不同于韦伯的定律而有他自己的含义。韦伯只是指出刺激和感觉的比例关系，没有涉及感觉强度问题。在费希纳的定律里则表示出物理刺激与其所引起的感觉强度的关系。不过，由于它是从韦伯定律推演出来的。因而，在西方心理学史上惯称为韦伯—费希纳定律。

■ 美学心理的实验和黄金分割

1865 年费希纳发表论文指出，经过实验证明最美的长方形是宽和长的比是长：长＋宽。他把这种长方形称作黄金分割或译作黄金段。此外，他还用名人的画供参观者评判。不过在参观者 11000 人中只有 113 人表示了意见。显然，实验是失败的。但从这里他提出了一种实验美感的印象法，这也是一种创始性的心理学课题。1876 年费希纳为此出版了《美学引论》。

韦伯—费希纳定律引起后人四点批评：

1. 费希纳起先认为感觉不能测量，后来又认为测量了刺激就可以知道感觉。这是用刺激量代替感觉量，是一种偷换概念的手法。
2. 感觉只有性质上的差异，不能有大小之分，例如，粉红色的感觉显然不是深红色的一部分；一个灰色的感觉也绝不是另一个两倍或三倍的灰色感觉。
3. 根据费希纳的公式，在理论上有负的感觉，这就承认有无意识现象存在，这是替莱布尼茨和赫尔巴特的观点作了论证。

4. 韦伯—费希纳定律的适用范围非常有限，一般说只能适用于中等强度的刺激，对过高或微弱刺激都不适用。

我们认为，这些批评基本上是中肯的，所以目前的普通心理学教科书中只把这个定律应用在测量感受性和差别阈限，看来是适当的。

费希纳在研究心理物理学的过程中还创造和确定了一些研究方法。这些方法对心理学的发展也有贡献。例如，最小差异法、固定刺激法和平均差误法。这些方法经过后人的不断改进，至今还沿用着，已经成为实验心理学中的三种基本方法。

历史上对费希纳在心理学上做出的贡献究竟如何评论，意见并不一致。不过近百年来，由于人们不断努力，心理物理学作为一种方法在工程心理学方面已有巨大的进展，特别是近年来由于自动化操作和宇宙航行方面的应用，对人类做出了很大的贡献，推本溯源，不能不追溯到韦伯和费希纳的功劳。

第二节

遗忘曲线：艾宾浩斯

艾宾浩斯（Ebbinghaus, 1850—1909）出生在德国商人家庭，1873 年取得哲学博士学位，曾去英国和法国学习和当家庭教师共三年。他的记忆实验是在巴黎一家旧书店里看到费希纳的《心理物理学

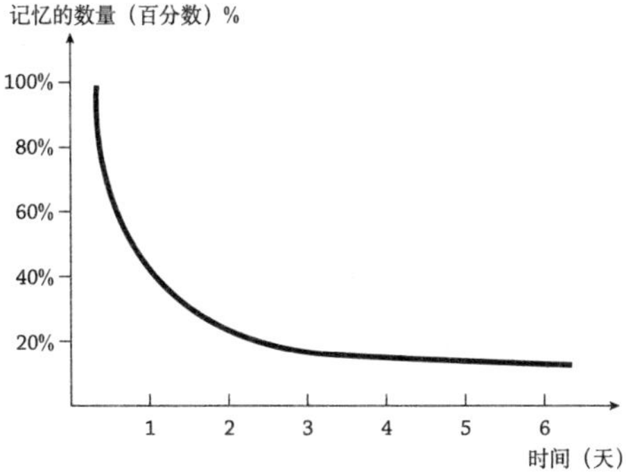

[9-2] 遗忘曲线

纲要》受启发才想到的。1885 年艾宾浩斯发表《记忆》一书，第二年被提升为副教授，1894 年被聘为教授并先后在布雷斯劳大学等校执教。在思想上，艾宾浩斯受赫尔巴特和英国联想主义的思想影响较深。关于艾宾浩斯的记忆实验及其成就可简述如下。

一、艾宾浩斯记忆实验的两个前提

1. 将记忆作为过程并分成学习（识记）、保持、联想和复现四个阶段进行研究。他认为这样的分阶段研究便于控制实验条件。
2. 设计出节省法和无意义音节以满足自然科学研究中的数量化要求，便于统计计算。

关于第一个前提即分阶段，现在的普通心理学教科书中还保留着，只是在名词概念上更精确、科学了。下面只简略地介绍节省法和无意义音节。

1. **节省法**：这是专为记忆实验能够进行测量而设计的方法。它要求被试（艾宾浩斯自己）把识记材料一遍一遍地诵读，直到第一次（或连续两次）能流畅无误地背诵出来，记下能背诵所需要的重读次数和时间。然后过一定时间（通常是 24 小时）再学再背，看看需要读多少次数和时间就能背诵。把第一次（即第一天）和第二次（即第二天）的次数时间相比较，看看节省了多少次数和时间，作为计算统计的材料依据。这就叫作节省法或重学法。

节省法为记忆实验创造了一个数量化的统计标准。例如，艾宾浩斯的实验结果证明：7 个音节的音节组，只要诵读 1 次即能成诵。这就是后来被公认的记忆广度。12 个音节的音节组需要读 16.6 次才能成诵，16 个音节的音节组要 30 次成诵。如果识记同一材料，诵读次数越多，记忆越巩固，以后（第二天）再学时节省下的诵读时间或次数就越多。从此着手，他设计出种种实验项目进行研究。从而发现了一些规律，如目前普通心理学还沿用着的遗忘曲线，就是由他发现的著名的记忆规律之一。

2. **无意义音节**：历史上的联想主义者之间争论虽多，但对联想本身的机制结构从不进行分析。艾宾浩斯用德文和外国文的字母拼成无意义音节作为实验材料，这就使联想的内部结构划一，排除了成年人用意义联想对实验的干扰。这也是一项创造性工作，对记忆实验材料的数量化是一种很好的手段和工具。例如，他把字母按一个元音和两个辅音拼成无意义的音节，诸如 zog、xot、gij、nov 等共 2300 个音节。然后，由几个音节合成一组音节组，由几个音节组合作一项实验的材料。由于这样的无意义音节只能依靠重复的诵读来记忆，这就创造出各种记忆实验的材料单位，使记忆效果一致，便于统计、比较和分析。例如，不同长度的音节组对识记、保持效果的影响，学习次数（或过度学习）和记忆的关系等（参看下页[9–3]和下页[9–4]）。

艾宾浩斯的记忆实验就是在节省法和无意义音节以及分阶段研究的前提思想和方法下取得的。在当时来说确实是一种创造性的成就和贡献。

[9-3]　艾宾浩斯记忆实验中音节组和学习速度之间关系的统计

每组内音节数	达到第一次无误复现所需的诵读次数	机误
7	1	
12	16.6	±1.1
16	30	±0.4

二、艾宾浩斯记忆实验的几项成就

1．**遗忘曲线**：即先遗忘得快，以后逐渐缓慢下来。这是众所周知的，已和韦伯—费希纳定律一样作为历史遗产保留了下来。

[9-4]　艾宾浩斯记忆实验中保持和诵读次数之间关系的统计

以前识记时诵读的次数 (x)	24 小时后重学时用的时间（秒）(y)		由于以前的学习节省的时间（秒）(T)		每诵读一次节省的时间（秒）(D)
	时间	机误	时间	机误	
0	1270	7	103	10	12.9
8	1167	14	192	29	12
16	1078	28	295	19	12.3

续表

24	975	17	407	17	12.7
32	863	15	573	16	13.6
12	697	14	685	11	12.9
53	585	9	816	13	12.8
64	454	11			平均 12.7

2. **重复学习和分配学习的规律：**①对一定的识记材料，每天重复学习到恰好成诵所需诵读的次数，约按几何级数逐日递减。②一定数量的材料分配到几天之内学习，比集中一天学习的效率要高。这是西方心理学史上分布学习和集中学习比较研究的开端。

3. **各种联想的实验研究：**①直接联想，即按识记时的顺序如a、b、c、d……的联想。这类联想只要想起a，接着b、c、d……就按顺序重现。②间接联想或远隔联想，不仅在识记材料中紧邻的项目之间形成联结，也可以在相互远隔的项目之间形成联结。例如，不仅是a、b、c、d……而且可以a、c、e或b、d、f形成联结。③反向联想，联想不仅按顺序a、b、c或a到b或c，而且可以相反，从b或c到a。不过，他认为这种倒转的联想要经过学习，不像前两项那样自然地产生。实际上是否认自然而然的长系列的反向联想的。

此外，艾宾浩斯还用诗句与识记材料和无意义音节作比较，比较意义识记和无意义识记的效果，认为有意义、节律、音韵和有语法作用的识记，和无意义识记同样长度的材料，它们之间效果的比例是 1:10，即肯定了意义识记比无意义识记的效果好得多。最后，他还认为睡眠对记忆保持有利。关于这一点已为近年来的实验进一步证实。

一般认为，艾宾浩斯开辟了心理学实验的一个新领域，是一种历史性的创造工作，同时也指出一些缺点：

第一，他的记忆实验主要是机械记忆，忽视了人的记忆有主观能动的方面。

第二，无意义音节不是实际生活中所用的，有很大的局限性，应用范围很狭窄。

1897 年艾宾浩斯还设计出一种“填字测验”。这是用来测验儿童智力的最初尝试，是后来智力测验的前身。

最后，艾宾浩斯还出版了《心理学纲要》(1908) 和《心理学概论》(1913)。后一著作的开头第一句话说：“心理学有一个长久的过去，但只有一个短暂的历史。”是经常为后人用来说明心理学的历史特殊性的。

第三节

音乐心理学的独行者：斯图姆夫

斯图姆夫（Stumpf, 1848—1936），是冯特同时代人，也提倡心理实验，他的思想对格式塔学派的创建有影响。斯图姆夫的心理学著作有《音乐心理学》两卷 (1883、1890)、《论空间表象为心理的起源》(1873)、

《现象与心理机能》(1906) 和《科学引论》(1906) 等。斯图姆夫曾先后向陆宰和布连塔诺 (Brentano) 学习过哲学，受德国传统强调心理能动性的思想影响很深。他自幼酷爱音乐，对化学、物理学和生理学的修养也深。他在哲学思想上的主要倾向是现象学。

现象学 (Phenomenology) 推源于康德。斯图姆夫的老师陆宰和布连塔诺都有现象学的思想倾向，只是经过他的发展和他的学生胡塞尔加以系统化后，才形成一种体系的 (1900)。现象学是一种主观唯心论哲学，它主张研究直接经验。斯图姆夫把直接经验分为四类，分属不同学科的对象。

1. **属于感觉和影像的**：如色、香、声和印象等直接经验的材料，它们是心理学和物理学的共同研究对象，属于现象学，是心理学的入门科学。
2. **心理机能**：包括知觉、理解、欲望、意志等心理机能或动作。这才是心理学的研究对象。
3. **经验之间的关系**：这属于关系学，也是一种心理现象，但很难捉摸，只作为一种成分包含在心理学中，也只能作为心理学的入门科学。
4. **内在的客观结构**：这是经验中的特殊情况，例如“我喜欢红色”。因为在“我看见红色”的经验中，看见是心理的机能或动作，红色是感觉印象，是现象。在“我看见红色”中的经验，就包含动作对现象发生作用。但是在“我喜欢红色”的经验中，动作和现象这两种观念就都不明显了。因此，必须有另一种学科专门研究这种内在的客观结构，他叫作“结构学”。

斯图姆夫主张心理学研究心理机能，不研究感觉印象（即内容），是因为内容属于现象学的研究对象。但是，他又认为，有时机能和内容是不可分地各自独立存在于经验中的。例如，“我看见红色”。看是机能，红是现象（内容），它们既是各自独立的，又是彼此不可分的。再如，黄昏时光线逐渐昏暗下来，我是在不知不觉的过程之后突然觉察到的。在这个过程中是感觉印象即现象变了，但机能未变。又如，一个合奏曲或一种混合的味道，在我未加注意时，我们觉察不到由多少种音、多少种味合成的；当我细加分析时，我就知道这是哪几种音合成的和音、是哪几种味合成的味道。这是合奏曲和混合味即现象未变，而机能变了。所以，机能和现象既是不可分的，又是各自独立地存在于经验中的。因此，在这种意义上讲，心理学有时对机能和内容都要研究，而并不完全排除内容。关于心理学应该研究机能，还是研究内容的问题，引起了布连塔诺、斯图姆夫同冯特的激烈争论。这个关于心理学对象问题的争论，一直延续到20世纪仍在继续，西方现代心理学派别就是在这场争论中，由于意见分歧各执一端形成不同学派体系的。

斯图姆夫在音乐心理学上做了不少实验研究的工作。他对音缀、混合和音、不和音、原始音乐、母音和语音分析等都做了深入细致的研究，只是这些都属于专门领域，在这里我们只举和音作为例证。

斯图姆夫提出和赫尔姆霍茨共鸣说不同的和音学说。他认为，对两个同时发生的音融合是一种整体的关系，是单一性的感觉现象。他说："我们所谓融结或融合，就是指两个内容，特别是感觉内容，不只相加起来，而且成了一个整体的那种关系。"例如，两个振动数为 1:2 的乐音 C 和 C′，如果同时发生，我们就听到和音。这个和音是两个音的融合，这种融合是两个感觉的关系。它与注意、练习无关，也与声音本身无关。它是高一级的神经特殊能力，叫作特殊协力。可见，斯图姆夫和约翰内斯 · 缪勒一样，把感觉看作某种先验的精神现象，和音只是这种先验的精神关系，不受经验制约，也和物质体无关。

斯图姆夫还把这种关系的先验论，在空间知觉的学说上和赫尔姆霍茨的经验论对立起来，反对后者的学说。后来，斯图姆夫的学生苛勒 (Kohler) 和考夫卡 (Koffka) 在知觉学说上强调"格式""架格"即关系的理论，实质上就是斯图姆夫知觉先验论的进一步发展和具体化。

第四节

心理主动性的实验研究：G.E. 米勒

G.E. 米勒（1850—1934）是冯特同时代人，在实验心理学上的贡献，并不在冯特等人之下。米勒终身勤于实验研究，不像冯特那样把主要精力投入在建立心理学体系上。米勒在培养学生的工作上有很大的贡献，其中如以研究视知觉闻名的许曼和卡兹 (Katz)、鲁宾 (Rubin) 等人都是实验心理学中经常提到的。

G.E. 米勒研究过赫尔巴特的哲学，在哥廷根大学学习陆宰的哲学。后来继承了陆宰在哥廷根大学的教授讲座，在思想上受陆宰的影响很深。他和斯图姆夫一样，把心理学看作以研究先验的纯意识现象为对象，试图从实验中证实这种先验的意识。

米勒曾修订过费希纳心理物理学的理论与方法，但他并不赞同费希纳把刺激进入心灵时的损失叫作通行税的心物二元论观点。米勒认为，这种损失是由于神经系统上的原质有所消耗发生的。那个先前引起感觉的神经兴奋已经产生了相当的氧化作用，因此，要再产生刚觉察到的差别感觉，就需要增加相应强度的刺激才有效果。所以，这种损失不能从心理物理学来解释，只能从生理心理学来解释。

米勒还订正了艾宾浩斯记忆实验的方法。他让被试口头报告记忆时体验到的全部心理活动的经验。这种方法叫作印象法。他发现，人的记忆过程不是机械、被动的。根据被试所报告的材料分析，被试在记忆时总是尽一切可能对无意义的音节进行组织和意义联系或用节奏感来帮助记忆联想。所以，他得出结论：记忆过程不是机械的被动过程，而是有目的、主动的。这样，米勒不仅纠正了艾宾浩斯记忆理论的机械性，而且他所应用的印象法后来为符兹堡学派所发展，成为 20 世纪初公认的心理学研究方法。

除米勒本人，在这里还需介绍他的几位学生及其比较有影响的实验研究。

一、约斯特

米勒的学生**约斯特**（Jost, 1870—1920）于 1893 年提出一种改善联想的方法，于 1897 年正式发表被称为约斯特法则。意思是，在记忆中已经形成的新旧两种联想，如果它们的强度相等，那么每重复一次，都有加强旧联想的作用，因而使旧联想比新联想更有效地保持它的强度。不过，约斯特只提出这是一种现象，并未解释原因。

二、杨施

米勒的另一名学生**杨施**（Jaensch, 1883—1940）于 1920 年提出“遗觉”一词，也称为遗觉影像或知觉影像。例如，有些人看了一张画片后，会在灰墙上看到同样的画像，有的人关于这种画像的影像鲜明得同画片相似。后来发现，这种遗觉影像是主观的，随年龄的不同而异。儿童时期的遗觉影像明显，青少年和成人就较少见。1925 年杨施认为，可以把它用来作为研究人格类型的一种方法。他还提出这种遗觉影像可以按心理物理的反应系统研究两种类型的人：一种 B 型的人，记忆影像的经验生动；另一种 T 型的人，有不随意的后像。从此遂发展成为解释人格类型的一种方法。不过，对产生这些遗觉影像的原因并不清楚。

三、卡兹

卡兹（1884—1953）也是米勒的学生，以研究颜色现象闻名。原

[9-5] 图形与背景

来，赫尔姆霍茨用无意识推理来解释色觉常性、空间大小、形状知觉的常性。他认为，同一有色物体，如煤、白纸，在不同照度下它的表面亮度是不同的，但是，为什么在阳光下的煤把它和阴暗房间里的白纸相比，我们仍觉得煤是黑的呢。他认为，这是日常经验中我们知道煤黑、纸白，是由于这种经验的无意识推理作用进行判断的结果。黑林不同意赫尔姆霍茨的意见，用生理学中脑灰质的改变来解释：由于脑皮质受同一刺激改变了感觉，留下的“记忆颜色”产生的。

卡兹同意赫尔姆霍茨的意见，也主张从心理经验来解释。1911 年他发表《颜色世界》一书阐明他的理论。他从颜色和空间的不可分关系提出三种颜色的模式。第一种叫表面色，是在客体上知觉到的两因次色(或二维色)。第二种叫泛色或膜状色，它是在分光镜上才能观察到的。第三种叫三维色，这是由三种因次的半透明体可证明的，如包含有红色液体的玻璃杯。卡兹曾通过实验证明真正的客观颜色，可以用分光镜的光谱色多重结构得到解释。卡兹的多重结构思想和格式塔心理学的观点接近。关于他的实验请参看伍德沃茨《实验心理学》。

四、鲁宾

鲁宾（1886—1951）也是米勒的学生，1915 年因研究图形和背景的实验获得哲学博士学位。他把视知觉的结构分为图形和背景的关系，认为在和背景的关系上，图形的印象更深刻，也更占优势，更容易记住，但图形和背景的关系常因注意点而互换。原为图形的可变为背景，原为背景会成为图形（见 [9–5]）。鲁宾的这些实验也成为格式塔心理学体系中的成分之一。不过鲁宾是把图形和背景作为知觉心理的构成元素来看待的。格式塔心理学家则作为知觉的整体结构进行分析。关于这些我们在介绍格式塔心理学时还会作进一步的分析介绍。

本章小结

韦伯、费希纳、艾宾浩斯、斯图姆夫和G.E. 米勒各人研究的问题或方面虽然不同，但他们都用心理实验，并且从不同方面对心理学的发展做出了有历史意义的贡献。他们的成就表明了心理学作为实验科学的条件已经具备。下一章我们要讲的冯特，就是在这样的条件下创立他的实验心理学的。

应该指出，韦伯、费希纳之外的本章其他人物，都是冯特同时代或者稍后的心理学家。艾宾浩斯的记忆实验，补充冯特实验室的缺点，G.E. 米勒则弥补了艾宾浩斯实验中机械、被动的缺点。斯图姆夫的实验和理论更提出了崭新的问题向包括冯特在内的传统心理学挑战。现在有必要概括一下本章中业已表现出来的一些新情况。

G.E. 米勒在实验中发现人的记忆的主动积极性，不仅仅是纠正了艾宾浩斯记忆理论的机械性，更重要的在于否认了英国联想主义传统把心理只看作被动的消极的东西和把心理内容只看作机械地相加减的堆积的观点。我们知道，英国的联想主义心理学和经验论哲学自 17 世纪后半叶以来已在欧洲的心理学史上统治了两个多世纪。这种思想虽然促进了心理学的发展，但也有消极因素，那就是它的机械、被动。由于布连塔诺、斯图姆夫和 G.E. 米勒提出的挑战，按传统联想主义心理学思想确定的研究对象受到怀疑，从而它的方法也得到补充、纠正。一方面冯特正在积极建立心理学体系，另一方面却有人提出新问题向他挑战、动摇他的体系的基础。这是下两章即将讲到的。不过，不管怎么说，冯特在总结前人经验，首次创建正式的心理学实验室和形成一个综合性的心理学体系上是有历史功绩的。

SECTION 10 第十章

Wilhelm Wundt: The Father of Psychology
冯特：心理学的“独立宣言”

通过以上内容，我们知道了欧洲的心理学经过两千多年在哲学内部长期酝酿，到了 19 世纪中叶以后，心理科学的这一诞生时机恰好也符合 19 世纪自然科学发展的一般趋势和时代精神。

到 19 世纪后半叶，心理学作为科学的一切必要条件终于具备，可以说冯特的实验心理学就是在这个历史背景下的时代产儿。1874 年冯特出版的《生理心理学原理》，或者 1879 年冯特正式创立的心理实验室，就是心理科学诞生的标志，它们在世界心理学的发展史上具有深远意义。

美国心理学家墨菲(Murphy)1949 年在他的心理学史著作中说：“在冯特出版他的《生理心理学原理》与创立他的实验室以前，心理学像个流浪儿，一会儿敲敲生理学的门，一会儿敲敲伦理学的门，一会儿敲敲认识论的门。1879 年它才以一门实验科学自居，有了一个安身之所和一个名字。”(引自墨菲《近代心理学历史导引》) 为此，西方心理学家都推崇冯特为心理科学的创建者。1980 年 7 月，国际心理学会的第 22 届年会决定在莱比锡召开，就是为了纪念冯特成立心理学实验室 100 周年。

第一节

从生理到心理：冯特的生平

威廉·冯特（1832—1920）是一个牧师的儿子，年轻时学医，曾得医学博士学位，后来转学生理学，听过约翰内斯·缪勒的课。

自 1857 年起，曾当赫尔姆霍茨实验生理学助手和同事共七年，负责培养学生显微解剖生理的实验基础训练。当赫尔姆霍茨专心研究感官生理学中的心理学问题时，冯特也正对心理学发生很大的兴趣。1857 年冯特已着手写关于感官知觉方面的一组论文。1861 年他创造了一套专供心理学实验用的仪器。1862 年发表《感官知觉理论的贡献》（以下简称《贡献》），就在这个论文集的导言里，冯特第一次提出“实验心理学”一词和他创建新心理学的行动计划。这年他刚 30 岁，还以一个年轻讲师的身份第一次发表讲演，题目是“从自然科学观点看心理学”。第二年他把这份讲稿修改后，以《人类和动物的心理学讲义》（以下简称《讲义》）出版。用波林的话说，1862 年的《贡献》，只是一位青年生理学家对心理学革新的一种设想，而 1863 年的《讲义》已是上述设想初具雏形的新心理学系统著作，是一位“生理学家的未加点缀的心理学”。

关于《讲义》，1899 年海克尔在他的《宇宙之谜》中做了很好的评论。他说："当代德国最重要的心理学家之一就是莱比锡的威廉·冯特，他具有其他哲学家所没有的无可比拟的优点：精通动物学、解剖学和生理学方面的知识。冯特作为赫尔姆霍茨的助手和学生，早期就惯于把物理化学的基本定律应用到生理学的整个领域，也应用到约翰内斯·缪勒所下定义的心理学，即生理学的一部分。从这些观点出发，冯特在 1863 年发表了颇有价值的《人类和动物的心理学讲义》。"

不过，冯特并不认为心理学是生理学的一部分，而是要脱离哲学，利用生理学的知识和研究方法建立一门科学的心理学。

1874 年冯特出版《生理心理学原理》，这部著作先后修订重版六次，从一卷扩充为三卷。波林说：这"是近代心理学史上的一部很重要的书"，它标志着心理科学诞生，也是冯特"由生理学家进为心理学家的表现"。（摘引自波林著《实验心理学史》）

1875 年冯特受聘莱比锡大学任哲学教授，1879 年他正式建成第一个心理学实验室，1881 年创办实验室的机关刊物——《哲学研究》。1896 年出版《心理学大纲》，1900—1920 年写成《民族心理学》共十卷。1920 年冯特逝世于莱比锡。

冯特除了著书立说努力形成一个新的心理学体系之外，他的实验室工作为实验心理学的发展做出了很大的努力。

第一，确定了一批典型的心理实验项目，成为实验心理学的发展基础。

根据桑海基恩统计：冯特在 1875—1917 年，由他直接参加和指导的实验课题共 186 项，其中除 70 项属于哲学课题外，其余属于心理学问题的有以下几类实验项目：

关于感觉方面的占 70%（其中视觉占 28%，听觉 23%，触觉 5%，时间觉 8%），动作、联想和记忆占 11%，注意和记忆占 10%，方法论占 9%。

铁钦纳和伍德沃茨的实验心理学就是在冯特的上述课题项目基础上发展起来的。

第二，培养了一批学生，为心理学的发展造就了一代新人。

1879 年以后世界各国的青年纷纷到莱比锡学习新心理学和实验方法，按桑海基恩的统计，当时到莱比锡学习的各国人数如下：

德国（包括奥地利人）136 名，美国 14 名（其中 1886 年到 1900 年有 12 人得博士学位），巴尔干（罗马尼亚、保加利亚等）13 名，英国 10 名，波兰 6 名，俄国 3 名，丹麦 2 名，法国 2 名。这些人中后来有许多是心理学史上的知名人士，如美国的霍尔 (Hall)、卡特尔，英国的铁钦纳，奥地利的屈尔佩等。他们学成回国，或者宣传冯特的心理学，或者独创自己的体系，成立实验室、创办报纸杂志、成立学会，使心理学的研究活动空前活跃。

总之，冯特一生孜孜不倦于新心理学的实践研究和宣传推广，为心理科学的建立奠定了一个稳定的基础，这是有很大历史贡献的。

第二节

心理学新视角：冯特的心理学体系

一般认为，冯特的功绩在于提倡心理实验，而不在于他的心理学体系和理论。为了能较全面地了解冯特，下面对他的心理学的基本观点先作一简述。

在冯特的哲学思想中，包含有贝克莱、休谟的主观唯心论的经验论，有詹姆斯·穆勒及其儿子的心理元素主义和经验实证论，有康德的不可知论，莱布尼茨、赫尔巴特的统觉学说和叔本华的唯意志论。这些思想观点在他的心理学体系各部分也有反映。

首先，在心理学对象上，冯特以反对形而上学（意思是不科学）为名，行反对唯物主义之实。他认为，唯物主义和唯灵论一样，都奉行心理实体概念，说唯物主义把心理看作脑活动的属性，这就从根本上取消了心理学，使心理学成为脑生理学。他主张不用心理实体的概念，把心理和经验看作一种现实。在他看来，心理和经验是客观的现实，世界只有一个，那就是经验。实际上，这就是贝克莱关于“存在就是被感知”的另一说法。

冯特认为，一切科学都研究经验，物质科学研究间接经验，心理学研究直接经验。他说：“一块石头，一株植物，一丝声音，一束光线，当作自然现象来对待时，它们是矿物学、植物学、动物学等科学的对象。然而，它们同时又都是观念，它们是心理学的对象。”（摘引自冯特著《心理学大纲》）冯特把物质现象和观念等同起来，就是用观念代替物质，将世界看成经验的观念世界，这显然是唯心的。

冯特为了贯彻这种唯心论观点，把洛克的外部经验和内部经验，改作直接经验和间接经验，认为这样一改，“心理实体的概念就直接让位于现实的心理概念”。按照冯特的看法，如果承认外部经验和内部经验就会最后得出心理实体的概念，也就是最后要承认心理的实体——物质体的存在。而改作直接经验和间接经验之后，由于它们都只是人的经验，就不会涉及物质实体问题了。

其次，在身心关系问题上，冯特是个平行论者。他曾一再声明，他的平行主义和斯宾诺莎（Spinoza）等有唯物主义因素的身心平行论有根本的区别。他说，斯宾诺莎强调身体或生理活动和心理活动一一对应；而他自己的平行主义只意味着直接经验和间接经验可以互相补充，平行研究，但不是必然地一一对应的。因为按冯特的意见，身体机体的生理学概念也只是经验的一部分。

再次，在心理学研究方法上，冯特认为心理学和自然科学既然都研究经验，它们的研究方法也就可以相同。自然科学的研究方法有两种：一种是研究过程的方法，另一种是研究客体的方法。在心理学中，前者就是心理实验法，它研究感知觉、反应时间、记忆联想、注意等低级心理过程。后者就是对历史文化产品如语言、神话、风俗习惯等进行思辨的批判分析，它研究如动机、意志品质等。前者的研究成果是实验心理学或生理心理学，后者为民族心理学。显然，这个方法论的基础也是二元论的。

最后，关于心理学的任务，冯特认为一切心理经验都是组合性质的复杂现象，但在一定条件控制下，可以通过实验的内省法，把它们分析为最简单的纯粹的心理元素。因此，他认为心理学的任务有三项：把心理混合物分析成为最简单的心理元素；将心理元素结合成越来越复杂的心理混合物；确定各种心理结合的一般公式和从中获得心理规律。实际上，这些观点是冯特从英国联想学派的元素主义者，如詹姆斯·穆勒那里抄袭来的。

为了完成上述任务，冯特的心理学体系有以下几种学说或组成部分。

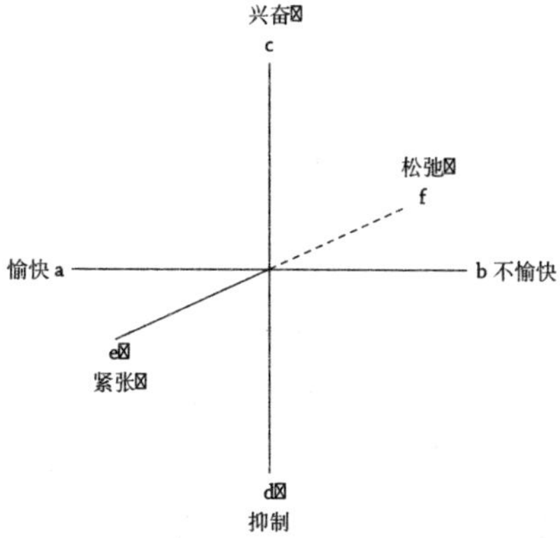

[10-1] 冯特的感情三度说

一、关于心理元素和意识结构

冯特认为最简单的心理元素就是感觉、意象和感情（意象，是感觉的一种形式，冯特以后很少把它们分开）。感觉的复合物就是观念。观念有三种形式：强度、时间和空间。感情有三度，即愉快和不愉快、紧张和松弛、兴奋和抑制。同一感情中可能有愉快、紧张和抑郁同时起作用。这就是冯特的所谓感情三度说。感情元素的复合形式也有三种，即情绪、情操和意志过程。根据冯特的观点，感情是心理活动的主要因素，它的活动引起感觉复合成为观念，因而又产生新的一系列的感情。这些感情，一方面本身转化为情绪，另一方面又由于它使观念复合成更高级的心理复合物，以至于引起冲动发出表情动作和意志行动。但是，由于意志行动经常重复会遗传下去成为反射动作，所以冯特认为，不是由反射动作发展为意志动作，而是意志动作退化为反射动作。因为在他看来，任何反射动作都是有明显的意志和目的的。

二、关于统觉学说

冯特认为，简单的心理元素结合成复合物之后，就改变了元素的原来性质；心理复合物也不是原来元素的总和，而是一种具有新质的心理形式。他把这种新质的形式或作用叫作“创造性的综合”或统觉。冯特把统觉和联想看作形成心理复合物的两大作用。联想是被动的，它取决于“客观条件”和“生理原因”，它只作用于低级的心理过程。统觉是主动的，它是由主观条件决定的高级心理过程的动力。统觉这个名词，初见于莱布尼茨，后来赫尔巴特提出了统觉团学说，冯特则把统觉理解为意识中心，使意识中的观念增强明了度。统觉还对意识边缘的观念起抑制作用。在统觉起作用时，能使意识产生活动之感。这样统觉就成为人类心理活动的缔造者。冯特还把统觉分为两个阶段，简单的统觉有关联作用和比较作用，高级的统觉有分析和综合作用。由于这些统觉作用才产生想象、思维和理性。可见，冯特的统觉概念取自赫尔巴特，不过他把统觉和联想分开，作为高级心理过程中的动力。

三、关于心理规律

冯特在完成心理复合物的分析和综合之后，提出了两类心理规律。一类是心理复合之间的关系规律。这类规律归纳起来有两条：心理相关律和心理对比律。前者指任何单纯的心理都处在和其他心理的相互关系中，由于有这种关系，心理之间才能进行结合、分析和比较。心理对比律指心理意识中的两个要素或观念必然彼此争强以至转换。有了这条规律就能认识心理变化的原因。

另一类规律是动物、种族和个体的心理发展的规律。这类规律有三条：

1. **不断增长律**。即由简单到复杂、由低级到高级的发展规律。
2. **目的性质差异律**。即心理活动按不同目的而有差异。例如，儿童和动物的目的不同，心理活动也就不同。
3. **对立转移律**。这和第一类的第二条规律相似，不过，他把这一规律应用在心理发展中。例如，感情得到满足时，人就由苦恼转到喜乐。应该指出的是，冯特认为所有这些规律都独立地存在于心理现象中，但它们与自然现象毫无关系。

我们可以看到，冯特的心理学体系兼包并蓄，以英国的经验联想心理学、德国的统觉学说和法国传统的生理心理学思想三者为基础，形成了一个基本上唯心的二元论结构。在这个结构里旧的传统思想占主要地位，新的思想如进化论的思想虽也有所反映，但只是由于作为当时的一种思潮有所涉及，并不是冯特自觉地作为自己的主导思想。因而，这个体系因循保守，内部矛盾重重，受到许多非议和批评甚至嘲笑。例如，格式塔心理学派的人称它为砖瓦和泥浆的心理学；美国詹姆斯说它“像一条蚯蚓一样，把它切开后每段还会爬”等。

第三节

心理学是一门独立学科

冯特的心理学体系并不是一无是处。历史已经证明，冯特的体系在心理学的发展史上起了作用。

一、为了适应自然科学的实验方法，冯特把心理现象看作一种过程

康德曾经断言，心理现象瞬息万变，不易掌握，无法用数量表示，也不能实验。韦伯、费希纳打破了康德的禁区，以心理物理学开创了心理实验的先例。但在冯特看来，心理物理实验只是研究和测量刺激与感觉之间量的关系，属于生理学方面的研究，对纯心理学的实验方法问题并未解决。为了把实验方法引进纯心理学，冯特总结了前人的经验，从生理学中借用“过程”这个概念，把心理现象看作一种心理过程，以此说明研究心理学必须采用自然科学的实验方法。他说：心理过程“在时间上发生，而且在时间的某一点上决不会和先前发生时完全相同”，因此要研究它，必须控制产生它的条件，做到我们能“随意改变意识形成一种观念”。那么除了“模仿这种观念产生的这一自然过程之外，就没有其他方法可以选择”（冯特《心理学大纲》）。相反，如果我们能控制这些条件，那么知觉、观念、记忆、情感、意志等心理过程，“它们将以最适于精确研究的形式出现”。

冯特的希望和预言，近百年后得到证实。伍德沃茨在他的《实验心理学》中说：大约一百年前，实验心理学是作为对旧的关于心灵的哲学的挑战而出现的。“几十年来，有创造性的建立者的工作表明，差不多对任何形式的人类活动都可以进行一些初步的调查，然后就可能有较好的希望找到进行某些确切的实验研究机会。”因此，“前途无疑是有希望的”（伍德沃茨《实验心理学》）。应该指出，这个有希望的前途，与冯特改变心理学对象的看法是有密切关系的。因为把心理现象看作过程来研究，是从理论上阐明了实验方法的必要和可能。所以在这点上，

冯特的贡献是有历史意义的。

二、从人类心理发生发展的自然过程出发，探索了心理学的研究范围及其分支

冯特在《论感官知觉理论的贡献》的导言中，在《心理学大纲》的绪论和《生理心理学原理》前言里都讨论过心理学研究的范围。归纳起来包括以下几部分：

1. **生理心理学**。冯特认为这部分包括心理的身体基础知识和心理物理学，他认为这部分内容在性质上属于生理学，不属于纯心理学。
2. **纯心理学或狭义的实验心理学**。包括从感觉过程起等心理过程直到人格的形成。有时候冯特把这部分和儿童心理学合并称为个体心理学或普通心理学。

上列两部分要求用实验方法研究，不能进行实验的课题则放到民族心理学中去研究，把它研究的结果补充普通心理，如动机等。可见，冯特的民族心理学或社会心理学，是指人类心理发生发展自然过程中的高级心理说的，它在目标和要求上都和当前的社会心理学有所不同。

3. **心理发展**。冯特把种族心理学、儿童心理学和动物心理学看作心理学的分支，作为探索人类心理发生发展的知识来源之一。他还把动物心理学和种族心理学合称为比较心理学。

三、冯特根据人的心理构成因素，把人类的心理学置于科学体系的中间地位

冯特认为，生理心理学研究的感觉过程是生理和心理的接触点，属于生理学部分。知觉以上的心理过程则属于纯心理现象，是经验科学的基础，而民族心理学则和社会条件发生关系。因此，他认为，人的心理既有自然因素，也有社会因素，因而把心理学确定在自然科学和社会科学的中间位置上。

以上三方面已涉及心理学的研究对象、方法、任务、范围和科学性质等一系列基本问题。近百年来，心理学发展变化虽然很大，却没有超出冯特在上面提出的研究范围。可见冯特心理学体系中的积极成分是有很大的科学历史意义的。尤其是当心理学要求脱离哲学，而有些人如约翰内斯·缪勒把心理学当作生理学的一部分和用脑生理学代替心理学的时候，冯特却坚持了心理学的独立，并以一生中68年的时间孜孜不倦于心理学的创新事业并做出了成绩，实在是难能可贵、前无古人的！

本章小结

第一，这一章的内容实际上是以前所有各章心理学思想发展主要内容的综合，它表明心理学同其他科学一样，是按自身的规律在发展运动。到19世纪后半期，当作为科学的必要条件由历史准备就绪之后，它就以不可阻挡的力量，以独立的科学身份出现于科学之林了。在这种科学发展的客观必然性规律面前，个人只是起到了接生的作用，却无论如何不能阻挡历史的进程。

第二，冯特是时代的幸运儿。他凭借自己的生理学知识和哲学修养，在区分认识论、生理学和心理学的科学界限上不迷航，坚持了心理科学的独立创新事业，使个人的创见和客观的科学要求一致起来，这是他建树了历史功绩的关键所在。

第三，然而，从历史的连续性和阶段性看，冯特毕竟只代表他那个时代的传统思想，在某种意义上说，他的心理学体系可以说是对19世纪中叶以前欧洲心理学成就的历史终结，是一个保守的体系。这个体系只是在个别问题上，在局部范围内受到当时进化论的先进思想洗礼，迸发出有生命力的火花，如关于心理作为过程，把一个科学系统的已有资料作为一个大的系统进行研究和综合，以及把实验方法引进心理学等。但是他的心理学体系的主要倾向还是停留在英国的经验心理学和联想心理学以及德国的统觉学说等传统思想上，因而同倾向于心理机能和心理发展的进化论思想是矛盾的。然而，解决这种矛盾的任务已不是冯特时代的人所能担当得了的。关于这一点我们在上一章中介绍斯图姆夫和G.E.米勒时已经指出，在下一章则可以见到一种新的思潮正出现在欧洲乃至整个西方的心理学界里。

SECTION 11 第十一章

The new trends of European psychology in late 19th century
19世纪末欧洲心理学的新动向

冯特的心理学是应运而生的。他做了两件大事：一是对前人的哲学心理学做了总结，形成了一个庞大的心理学体系；二是使心理学成为一门实验的形式上科学的心理学。但是，冯特只是总结了过去，他对当时正在广为传播的进化论思想来不及消化吸收和用其作为研究心理学的指导。因此，就冯特心理学的思想总体看，是由各种旧的哲学心理学拼凑起来的，属于保守的思想体系。这个体系的内部矛盾重重，存在着许多问题，也招来了许多非议和攻击。这一章要讲的动作心理学或机能心理学思潮，是首先提出来反对冯特内容心理学的。

动作心理学或机能心理学的思想，有某些方面和进化论的思想吻合，得到人们的赞同和传播，并从德国扩展到英国和法国，形成了当时欧洲的一种机能心理学新思潮。这个思潮传到美国形成具有美国特色的机能心理学，而在欧洲本土的机能心理学思想，则辗转相传最后发展成格式塔心理学和弗洛伊德的精神分析，这时候历史已进入通常说的西方心理学现代学派时期，第四篇会做介绍。这一章主要简述当时欧洲新出现的机能心理学思潮。机能心理学（Functional Psychology）主张心理学的研究对象是具有适应性的心理活动，强调意识活动在人类的需要与环境之间起重要的中介作用。下面先从布连塔诺的动作心理学说起。

第一节

心理是一种动作：布连塔诺和奥地利学派

布连塔诺原是德国人，后来在奥地利工作，并和他的学生们一起形成一个心理学派，这就是奥地利的动作心理学派。动作心理学也和其他的心理学一样有其思想根源。

一、动作心理学的思想渊源

“动作”一词原属德文：Akt，英文的对应词是 Act。我国的旧译本中一般译作“动作”或“行动”。近年来为了把它和外部的活动、动作区别开，已改译成“意动”，即按其原义指意识的动作，是和冯特主张心理学研究意识的内容相对立的。

动作或意动心理学的思想渊源，可追溯到亚里士多德把心理看作灵魂的功能或机能。布连塔诺研究过亚里士多德的《论灵魂》，并且吸收了其中的思想。

意动心理学还和近代德国自莱布尼茨以来的传统思想有关。我们在前一章还说到过，斯图姆夫和他的学生胡塞尔提出了心理机能概念。胡塞尔也是布连塔诺的学生，他们有共同的思想倾向。所以动作心理学和机能心理学有共同的思想渊源，它们出自德国传统的把心理看作一种主动活动的动作、机能或形式，和把心理看作经验内容的思想区分开。当时他们对动作或机能心理学都未能作出进一步的研究，只有布连塔诺提出了动作或意动心理学的基本观点。

二、布连塔诺及其意动心理学的基本观点

布连塔诺出生于德国莱茵河畔的马利恩堡。他曾担任过罗马天主教的神父，因为不同意教皇无过失这一教条，于1873年辞去神父职位。1874年，布连塔诺在陆宰的帮助下到奥地利的维也纳大学任哲学教授，长达20年。就在1874年布连塔诺发表了《经验立场的心理学》(或译作《从经验的观点看心理学》)。这本书和冯特的《生理心理学原理》第一版同年出版。就是在这本书里，布连塔诺提出了如下的基本观点。

■ 关于心理学的对象和方法

布连塔诺认为心理学研究的对象，应该是直接从可观察到的心理过程中得来，不能从抽象的纯粹心理，如感觉、感情形成理论。在《经验立场的心理学》里，他把心理学定义为“研究心理现象的科学”。他认为，心理现象是人的心理动作，不是静止的心理状态；心理动作是可经验的活动过程，人可以通过内省体验到这种内部活动。可见，这些说法都是针对冯特的内容心理学的。

布连塔诺从现象学出发，他认为，心理现象作为一种动作，是可以通过内省直接地自然而然地体验到的。后来人们就把这种方法叫作现象学的研究方法，它强调自然而然地直接地通过自我观察所得到的经验材料。不过，布连塔诺本人不是个实验家，他提出的这种思想，是后来由屈尔佩领导的符兹堡学派具体实现，并有所发展才为人们接受的。

虽然，布连塔诺只把心理动作作为心理学的对象，但他认为，动作和内容是不可分的。例如听见一种声音，看见一个有色物体，感到温暖或寒冷。这里的听、看和感到是心理动作，是心理现象，而声音、温和冷是心理印象，是经验内容。这里的心理动作或心理现象是心理学的对象，经验内容是物理学的对象。

为了进一步说明动作和其对象即内容的关系，布连塔诺还提出“意向性”这一概念。他认为“意向性”是心理动作的一个重要特性。在他看来，没有思维的客体就没有思想，没有愿望的客体就没有欲望；在爱的动作中是被爱的东西，在恨的动作中是被恨的东西。心理现象是在意向特性上包含有对象的。由于“每个感觉或者想象的表象都提供了心理现象的例子，因此在这里所理解的表象，不是那个显示出来的表象，而是动作的表象。这样，听到响声、看见各种各样的物体、感到温暖或者寒冷，以及和想象力可比较的状态，都是我所意味的现象的例子……而且，一个判断、一次回忆、一种期待、一个推理、一次判决或意见、一种怀疑是一种心理现象。此外，一种情绪、快乐、歉意、害怕、希望、骄傲、失望、怒、爱、愿望、选择、意向、惊奇、耻辱等也是这样的一种现象”（见 *W.S.Sahakian* 著 *History and Systems of Psychology*）。

■ **关于心理现象分类**

布连塔诺解释了心理现象应该是一种动作之后，他就把主要的心理动作分为三种：

1. 观念作用，包括感觉与表象等；

2. 判断作用；

3. “爱憎”作用或称兴趣，包括感情、意志和欲望等。

一方面，他把认识过程分为感觉和判断，如有某甲的感觉，这是观念的作用；自觉甲是甲，这是判断。另一方面，他又把情感和意志作用作为一类；而把知觉、回忆和承认、否认当作判断作用。这就是说，布连塔诺把心理现象分为认识和情意两大类。

布连塔诺的书只出了第一卷，他的心理学思想也未形成完整的体系，内容是比较简单的。在当时来说，他的理论是陈旧的，方法也是思辨的，只是由于冯特的心理学不解决问题，矛盾很多，使人们感到失望。再加上布连塔诺强调心理主动性，和当时进化论强调变化发展的思想有某些吻合，因而引起很大反响。不久还和美国、欧洲其他国家的传统思想结合起来，形成一股新的思潮即机能心理学思潮。此外，布连塔诺的学生也趁机传播，并在奥地利和马赫的思想结合起来，提出了一种新的学说。这就是厄伦弗斯 (Ehrenfels) 的形质说。形质说和格式塔心理学的关系密切，因此，有必要在此做一简介。

三、厄伦弗斯的形质说和马赫的空间感觉

■ **厄伦弗斯及其形质说问题的由来**

厄伦弗斯，奥地利人，出生于维也纳城附近的罗道恩 (Rodaun)，

[11-1] 形式可以独立于属性

是布连塔诺在维也纳大学任教时期的学生。他受布连塔诺意动心理学的影响，于 1890 年发表论文《论形质》(或《论格式塔的性质》)，提出形质说，反对冯特的心理元素主义。

冯特把感觉和感情看作最单纯的心理元素，其他心理现象是元素的复合。他还认为，感觉只有强度和性质两种属性。当时有人提出，如果看见两个距离很近的黑点，那是两个感觉，还是一种知觉？因为它们的强度和性质都相同。如果这两个邻近的黑点都在白色的背景上，那又是什么呢？按心理元素说来看，如果我们说它们是两点黑的感觉，那么我们在判断心理状态时，就不是完全以感觉属性（这里是黑色）为标准，还要以它们的空间距离为根据了。这样又回到了老问题，即空间知觉和时间知觉的问题上。厄伦弗斯的形质说，就是为了解决这个问题提出来的。

但是，形质说并不完全出于厄伦弗斯。在这之前，即 1886 年当时在慕尼黑大学任教的马赫发表了《感觉之分析》一书。在这本书里马赫提出了空间形式和时间形式的感觉。

■ **马赫及其空间形式的感觉**

马赫（1838—1916）认为一切经验都是感觉，例如一个圆周是“空间形式的感觉”，一首乐曲的连续音程是“时间形式的感觉”。这样马赫扩大了感觉概念，把属性和形式（空间、时间）都包含在感觉概念

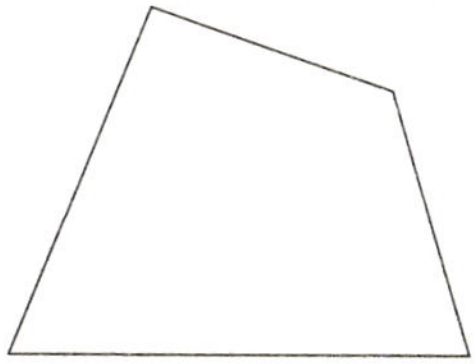

[11-2] 厄伦弗斯的形质说

之内。马赫又认为，形式可以独立于属性。例如，一字母N，或其他几何图形，我们可以改变它的颜色或大小，但它的形式是仍然可认识的（见 [11-1]）。“因此，视知觉一定包含有某种同一的感觉成分，这些成分在这两种情况下，它们是同一的，这就是空间感觉。”（见 W.S.Sahakian 著 *History and Systems of Psychology*）同理，时间形式的感觉也是一样的。一支乐曲尽管改变了各音的音高，但听起来它的曲调即乐曲的时间形式不变。所以，他认为，形式是独立地为我们经验到的感觉。经验就是感觉。

■ 厄伦弗斯的形质说

厄伦弗斯既反对冯特的元素主义，也不同意马赫的感觉学说。他认为，时间或空间的形式是一种新属性，并不是感觉的集合。例如，一个四方形由四条直线组成，它的性质不是由四条线集合成的，因为四条线本身只有直线的性质，而不含四方形的性质。四方形是由四条直线经过有组织的结合而产生的新质。这种新质才是真正的知觉内容。他认为，在这里直线是结合成四方形的基件或基质，而四方形是基件或基质直线结合成的基体。基体四方形并不属于任何基件（直线）。这样由直线构成四方形的直接经验，就是一种新元素，是一种形质或者叫

“格式塔（完形）的性质”。以后，格式塔心理学就是在形质说的基础上建立起来的。

形质说和意动心理学一样，都是从对经验的分析引申出来的。他们认为，由于知觉者本身的活动或意动才使这些基质构成基体；基体并不包含在基质本身，它是一种由基质构成的新质。由此可见，厄伦弗斯的形质说是布连塔诺的意动心理学和马赫的空间形式感觉相结合的产物。

第二节

无意象思维：屈尔佩和符兹堡学派

屈尔佩（1862—1915）是符兹堡学派的创始人和领袖。屈尔佩原来是G.E.米勒的学生，后来在冯特的莱比锡大学学习，得到学位后，一度为冯特的助手。以后曾在几个大学工作过，其中以在符兹堡大学的工作最有成绩，他在这里领导着一批学生研究思维，有思维心理学学派之称。

一、屈尔佩生平和符兹堡学派的实验

在哲学上，屈尔佩是马赫主义的真正信徒，虽然屈尔佩并不承认他自己的哲学为新实在论。

在心理学上，他起先只是不同意冯特主张心理学以直接经验为对

象，物理学以间接经验为对象的观点，指出心理学研究依存于经验者的经验，物理学研究不依存于经验者的经验。在这个时期内，屈尔佩出版了《心理学纲要》(1893)，基本上还是个内容心理学的拥护者。1894年，屈尔佩到符兹堡大学任教，领导学生做思维实验。开始，由他自己当被试，经过对实验结果的分析，提出了是否存在着一种没有感觉意象的思维过程的问题。1901年，他和学生一起开始了对这个问题的有计划的实验研究，形成符兹堡学派。

符兹堡学派的思维实验，最初是由迈尔和奥特 (Orth) 开始的。他们认为思想只是一种联想过程，思想过程可以用内省法研究。这种看法和冯特的不同。冯特认为思维或思想是高级过程，不是联想而是统觉在起作用。与此同时，马伯 (Marbe) 研究了判断 (1901)，即判断两件东西的轻重。在实验中，马伯发现在意识过程里除了有这两个东西的意象之外，还有不能用意象描述的成分。这种成分他叫作“识态”。他认为，识态是思维判断中很重要的成分，是意识中除了意象之外的无意象的东西。这个发现同冯特以感觉意象作为对象的内容心理学的看法就很不一样了。

以后 (1904)，屈尔佩的另一名学生瓦特，使判断实验的条件更加复杂，又把实验的过程加以延长，并用仪器记录下实验过程的时间。在这种实验里，瓦特也同样发现，在联想的意识过程中，除了意象之外还有无意象成分。例如，由一个字联想到另一字的过程，被试人听到指令给予的任务，就有一种准备，到了刺激字一出现，他能立即答出正确的反应字。这种因任务而准备的反应是无须有自觉的思想内容的，即不是表象或意象的。瓦特认为，人们在运动中或在思维中都有这样一种意识不到的趋势存在，他叫作“心向”或“定势”。心向这个词，G.E. 米勒也曾应用过（1889）。瓦特认为，这种心向在人完成思维工作中起主导作用。后来（1905）屈尔佩的又一名学生阿哈 (Ach, N.) 把这种作用叫作“决定的趋势”。就这样，屈尔佩和他的学生一起发现了心理现象中的新成分，即“无意象的思维”。由于他们研究无意象思维闻名于心理学界，人们都称之为符兹堡的无意象思维学派。

应该指出，从符兹堡学派开始的思维研究，表明了欧洲心理学正在向纵深发展，这是由于有了比较精确的实验研究方法所得到的成果。它表明冯特等人倡导的实验心理学在推动心理学发展上发挥了很大作用。另外，虽然由新发现引起了各种学派之间的争论，但也表明心理学有了一个兴旺发达的前景，不像有些人说的它是心理学的“危机”。

二、屈尔佩的二重心理学

屈尔佩和他的学生在发现关于心向、识态、决定趋势和无意象思维等现象的同时，他们就逐渐不满足于停留在冯特的内容心理学范围之内，而接近于布连塔诺—斯图姆夫的心理机能说。不过，屈尔佩没有倒向一边，却试图把布连塔诺的动作、斯图姆夫的机能和以冯特为代表的内容心理学加以调和，提出了“二重心理学”的主张。

1. **心理动作（或机能）和意识内容的统一。**所谓“二重心理学”是指，心理学的对象有两项：心理动作或机能和心理内容。屈尔佩试图将两者调和、统一，但指出这两者在性质上是有区别的。他认为内容和动作之间有五点区别：①内容和动作在经验中可以分开，如梦中和纯粹感觉时，就只有内容而无动作的活动；在毫无目的的注意或希望什么时，是无内容的活动。②内容和动作的活动可以各自独立地变化。例如，当人知觉一个客体，又知觉另一客体时，是内容变而机能不变。再如，对一物先感觉，再知觉，再判断，这是内容不变，活动变化。③内容和机能在性质上各不相同。内容稳定，可以分析；机能活动不稳定，不可分析。所以内容可以通过内省观察，机能则只有尽快回忆加以反省。④内容和机能都有强度和性质，但是彼此无关。例如，声音的强度和强烈的欲望都有强度，它们却不发生关系。⑤内容和机能各有自己的规律。联想、对比、混合和感觉刺激等是内容的规律。任务、心向、趋势等是机能的规律。

应该指出，符兹堡学派把内容看作内在经验，动作看作心灵的活动或机能，它们既不是客观现实的反映，也不是脑的机能，是没有物质基础的东西。屈尔佩要把它们统一起来只是将两者调和、结合，并不是把两者的关系看作是不可分的。

2. **建立“系统的实验内省法”**。研究方法总是受研究对象制约的。屈尔佩既然认为，心理的内容可以内省，心理机能只能反省，于是把内省法和布连塔诺的反省法结合起来，建立起一种“系统的实验内省法”。

冯特的内省法是直接用内省实验搜集材料，布连塔诺认为这种方法不能了解过程，因为一个人不能在思维时，同时又观察思维是怎样进行的，因而提出了反省法，即思维之后立即回忆刚思维的过程是怎样进行的。但是，这种反省法不能回忆起真实的思维过程，也不能确定过程中的时间变化。于是符兹堡学派创造出一种“系统的内省实验”。这种方法是把过程分成几个阶段来反省研究，同时用仪器记录下每个阶段的时间。例如，瓦特把联想过程分成以下四个阶段：

1. 预备期。
2. 刺激字的呈现期。
3. 反应字的探索期。
4. 反应字发出期（说出反应字）。

每个阶段用仪器记下时间与受试者的紧张状态等。这种方法有仪器做记录是客观的，又用内省说出当时的心理活动也是较能回忆出心理过程的进行情况的。这种方法使心理学的实验又深入、前进一步了。

后来，彪勒和他的夫人（都是儿童心理学家）又加入了询问法，即在每个阶段进行反省时，插进问题要求被试者回答，使内省的结果更加可靠。

第三节

把人的灵魂放在天平上：沃德与斯托特

沃德（Ward, 1842—1925）曾留学德国，在哥廷根和柏林等大学学习过，布连塔诺的思想对他有很深的影响。1887 年沃德任剑桥大学教授，曾建议大学当局成立心理学实验室受到反对，理由是“把人的灵魂

放在天平上，从而侮辱宗教”。为此，直到
1897年沃德才找到一间房子办了个实验室。

沃德按照德国的思想传统强调心的主动性和整体性，认为英国传统的联想概念，不能解释心的主动性和统一性；而只有把心看作单一的主体，不是看作不同单位的配合时，才有连续的活动。他认为，各种心理活动就是这样一种主体连续发展的活动在不同方面的表现。1886年他把这种思想写在《英国百科全书》第九期的“心理学”词条内。后世称这一词条是对联想主义的终结。不过，沃德的心理学思想体系则发表在他于1918年出版的《心理学原理》中。据说，为了出版这部著作，他准备了40年。

沃德认为心理学不是生理学，也不是认识论，心理学是研究主体的经验的。他认为经验的材料虽然来自外界，但组织材料的却是主体的活动。不过，主体组织材料的能力并不是心固有的，而是在生活中发展来的。认识、情感和意动等就是主体连续活动的不同表现，联想只是这个主体的选择和吸收作用。可见，沃德的心理学是倾向德国机能心理学的。它和德国机能心理学稍有区别的地方是，承认这种机能来自生活，因而是有唯物论成分的。后来，沃德的学生斯托特接受并且发展了这种思想。

斯托特（1860—1944）是沃德的学生，1903年以后任圣安特留斯大学教授，著有《分析心理学》等。他模仿布连塔诺把心分为认识和兴趣，兴趣又分为感情和意动。斯托特强调意动，认为思想和意志都是有机体为了保持平衡的方式和手段；为了保持平衡做出的努力，如果未遇到阻碍则快乐，否则即不快乐，心就是由于追求这样的目标发展起来的。它是主动的，单一的。关于意动，斯托特指的是欲望或意志。意动有自己的客体。它给意动以推动力。斯托特的这个意动学说后来被麦独孤发展成目的论心理学。斯托特还重视无意识的作用，认为这是脑的活动，只能从效果中才知道的。

第四节

独立的法兰西机能主义

当时的法国和英国一样，既有本国的传统思想也受德国思想的影响。只是法国的机能心理学思想主要来自本国的病理学，较少受德国的影响，其代表可举出以下几位人物。

李拔（Ribot, 1839—1916）是索邦大学（今巴黎大学的一个学院）的教授，是法国大学中最早讲授实验心理学课的人（1885）。在此之前，他已有十几年的心理病态诊断和临床经验。他经常介绍德国和英国的心理学给法国读者。他的目的是想克服当时法国流行着的一种“漂亮而空洞的理论”（转引自唐钺《西方心理学史大纲》）。李拔很重视身体和心理的关系，认为伴随生理动作的心理过程是身体同一过程的两方面。这种思想也有点类似于亚里士多德的形质说。李拔认为，心理是对于身体的生理变化的感知，情绪是对于居于进化低级的基本冲动的模糊意识，理智是属于进化较高阶段的具有理解的明白意识。他还强调情感在心理上处于重要地位，对情绪的解释强调了内脏、肌肉和交感神经的作用，这又类似于美国詹姆斯的情绪学说。简言之，李拔是从生物学和进化论的观点来理解种种心理现象的。

比内（1857—1911）以研究心理的个别差异和智力测验闻名。他和西蒙合作的“比内—西蒙智力测验量表”长时间在世界各地广为传播，对中国的影响也极大。

比内原学法律，却对生物学和心理学更感兴趣，著有《微生物的精神生活》和《推理心理》。1889 年索邦大学创立了法国的第一个心理实验室，1892 年比内来实验室工作，先当助手，到 1894 年成为实验室的领导者。1895 年他创办《心理学年刊》，这是法国的第一种心理学杂志。1903 年，比内发表《智力的实验研究》，这本书是他对自己的两个女儿（13 岁和 14 岁）进行实验的成果。起先，比内要她们解决简单的问题，然后让她们回忆解决问题的思维过程，并且提出以下的问题：你们怎样思考那个对象？你们看见那个对象了吗？你们看见时能说出那个对象的名称吗？这两位被试者有时能正确地报告出有什么对象的意象，但是很多次却否认有意象存在。从此，比内放弃了他以前的看法。他改变了的看法大体上同当时符兹堡学派的无意象思维的观点是相近的。比内改变了观点后认为，心理学不应当像过去那样只研究那些细小的碎片的心理元素，而应当面对重大复杂的对象。他的智力测验工作就是以这种思想为出发点的。

1904 年法国的教育行政部门为了研究学校中学习不及格的学生，成立了一个专门委员会。委员会聘请比内参加工作。但为了要了解学生为什么学习不好的原因，必先了解哪些学生是因为智力落后，哪些学生是因为懒惰造成成绩不好的。于是在 1905 年比内和西蒙合作提出了一组测验，测验的内容包括从易到难的事物名称，比较线条的长短、填充缺字的句子和简易的问题等。以后经过修改定出智力年龄的测定量表，1911 年又修改过一次，这就是比内—西蒙的智力测验量表。可见，智力测验的理论也是以心理机能的观点为基础的，它的具体影响今后还会谈到。

比内的智力测验和美国卡特尔的心理测量相呼应，一度成为 1926 年前后声势浩大的运动。以后由于被种族主义者利用而受到批判。但是，这种批判只是使运动暂时低落，之后仍流行开来，延续不绝，直到现在。

沙可（1825—1893）是法国 19 世纪末著名的神经病学家，1853 年毕业于巴黎大学医学院，1860 年任病理解剖学教授，1862 年在巴黎的一家医院工作时建立了当时有名的神经学门诊部。1885 年精神分析的创始人弗洛伊德 (Freud) 曾来这里向沙可学习（关于这些以后再详述）。

沙可的另一名学生是**商纳**（Janet, 1859—1947），和沙可一样都是神经病学家。他们以研究人格分裂症即歇斯底里闻名。由于歇斯底里起源于暗示，可以用催眠法治疗。商纳认为人格分裂的原因是意识的力量不够，只能集中在神经系统的一部分，正像毯子太短，盖了脖子露了脚一样。此外，他还认为神经症也起因于内心情绪的冲突才导致人格分裂的，因而也有心理机能的思想。

本章小结

从本章内容的总体看，19 世纪末和 20 世纪初欧洲心理学中的机能心理学倾向，固然与德国的思想传统强调心理主动性和整体性有关，但主要还是由达尔文的生物进化论对心理学界的影响引起的，这表现在动作心理学和机能心理学中有亚里士多德的思想在恢复的倾向。亚里士多德认为心理学有生物学特点，心理的功能是为了生物更好地生存。2500 多年以前的思想，今天为科学的进化论所支持，并和德国传统的心理能动性思想相汇合，这就使机能心理学的思想成为一种强有力的新倾向很快传播开来了。但是这已是研究 20 世纪现代西方心理学派别历史的任务了。

欧洲心理学史结束语

从第一章开始到本章结束，所有的心理学发展史实，都是在欧洲范围内发生的。为了便于归纳，我们通称为欧洲心理学史。

第一，漫长的欧洲心理学史，并未真正解决多少问题。回顾所讲的内容，除了对感知觉、记忆联想做过比较深入的研究外，直到 19 世纪末，思维问题才刚刚提出来。情感、情绪和意志动作及其他心理现象，虽然在不同的历史时期断断续续地提出来讨论过，但都十分肤浅。个性的形成问题，虽然远在公元前 5 世纪德谟克利特就已经提到，但一直没有受到以后人们的注意。凡此种种，说明了以冯特为代表形成的心理科学，实际上，仅仅是心理学研究的开始。

第二，历史证明，心理学工作之所以复杂艰巨、进展缓慢，是由于它和许多其他科学的关系密切，不易分清界限有关。欧洲心理学花了 2500 多年的时间，仅仅和哲学划清初步的界限，那是由于感知觉和记忆联想的规律性知识，固然和认识论有联系，但人们越来越认识到它们之间的区别，才作为心理学的专门知识划分出来的。但是，初步明确了心理学和认识论的异同之后，立即又出现了心理学和生理学如何划清界限的问题。

关于心理学和生理学的区分，正如心理学和哲学的划分一样远在古代欧洲已经发生。希波克利特的四液体说和气质学说曾经被混淆起来就是一例。但是，问题真正尖锐起来是从心理学成为独立科学时开始的。当时和冯特同时代的不少生理学家和自然科学家，如约翰内斯·缪勒和海克尔等都把心理学作为生理学的一部分，而另一些人如冯特为了坚持心理学的独立性，却否认生理和心理的因果联系，用平行论的观点来表明他们承认生理和心理的不容忽视的关系。可以这样估计，自从初步分清了心理学与认识论的关系之后，心理学的研究即进入和生理学如何划清界限问题的阶段。自从 19 世纪中叶以来的百年间解决这个问题，已成为解决心理学基本问题中的主要问题，例如关于心理学问题的生理学化，人类心理的生物学化等都和这个问题有关。当前，生理心理学、神经心理学等领域的研究之所以热烈，也就因为目前已处于亟待解决这个问题的历史阶段。当然，由于问题复杂深奥，不一定一次解决彻底，但无论如何随着这个问题的明确解决，心理学将有一次猛进是无疑的。

第三，历史也已显示出一种迹象，关于心理学研究对象的进一步认识，也促进了心理学的发展。19 世纪末出现的心理印象和机能、内容和动作的争论，实际上是关于心理学对象究竟是什么的争论。回顾历史，这次争论比古代人把心理当作灵魂，近代人作为经验的看法已有很大进步。但有趣的是，这次由布连塔诺开始提出把心理看作一种活动形式的观点，却和 2500 多年前的亚里士多德的观点相似。表面看来好像在倒退，实际上正表明研究的深化。首先，由布连塔诺把问题提出后，开始了对思维的具体实验研究，这是史无前例的。其次，这个问题同生物进化论发生了联系。虽然亚里士多德首先提出心理学有生物学的特点，但那只是一种猜测，而如今则在有足够科学根据的达尔文进化论的理论基础上提出的。我们将会看到，这种出自德国传统的心理机能的思想，一旦同进化论的思想结合起来，就产生出巨大的生命力，以至于20世纪开始的西方心理学到处都可以遇到机能心理学的思想。虽然，这些机能心理学是各种各样的，而生物机能的观点仍是很不够的。

第四，当我们带着上述问题进入20世纪的西方心理学时，我们就会发现，冯特的心理学体系确是一个保守的体系，它在西方现代学派面前仅仅起了作为一个受攻击的靶子作用。然而，这并不能因此否认冯特在创设心理科学上的历史功绩。

图书在版编目(CIP)数据

从零开始学心理学．心理学的诞生 / 李汉松著．— 北京：中国法制出版社，2020.11

ISBN 978-7-5216-0835-9

Ⅰ．①从…　Ⅱ．①李…　Ⅲ．①心理学—通俗读物
Ⅳ．① B84-49

中国版本图书馆 CIP 数据核字（2020）第 021012 号

策划编辑：李　佳
责任编辑：李　佳（amberlee2014@126.com）　　封面设计：汪要军

从零开始学心理学：心理学的诞生

CONG LING KAISHI XUE XINLIXUE: XINLIXUE DE DANSHENG

著者 / 李汉松
经销 / 新华书店
印刷 / 三河市紫恒印装有限公司
开本 / 880 毫米 ×1230 毫米　32 开　　印张 / 7.5　字数 / 167 千
版次 / 2020 年 11 月第 1 版　　2020 年 11 月第 1 次印刷

中国法制出版社出版
书号 ISBN 978-7-5216-0835-9　　定价：39.80 元

北京西单横二条 2 号　邮政编码 100031　　传真：010-66031119
网址：http://www.zgfzs.com　　**编辑部电话：010-66054911**
市场营销部电话：010-66033393　　**邮购部电话：010-66033288**
（如有印装质量问题，请与本社印务部联系调换。电话：010-66032926）